民際学者、アジアをあるく

Researchers of Cross-Civic Relations Journey through ASIA

中村尚司と仲間たちの時代

The Epoch of Nakamura Hisashi and his Companions

Hayashi Shinji
林 真司

みずのわ出版

序章　民際学者との出会い

二〇〇六年一二月二二日、中村尚司《ひさし》は龍谷大学の定年退職を翌春に控え、二三年間の教員生活を締めくくる最終講義に臨んでいた。「非西欧圏の経済思想」という題目であったが、長く南アジアの地域研究をしてきた、中村の学問的な到達点を反映する内容であった。

アジア社会はシルクロード以来続く、人びととの交易や交流などにより、多種多様な文化を育んできた。そして、今もなお、アジア諸地域には、人的交流や商品交換の発展に傾斜する経済思想が根付いているとし、国境を乗り越える人と人との交流が、今後さらに重要になるだろうと強調した。次の時代には、国と国との関係ではなく、人間同士の民際交流が、人びとをつなぐ社会活動の中心になるに違いないという期待を、若い世代に託したのであった。国家離れしたこうした自由で柔軟な発想は、中村の真骨頂ともいえるものであった。

中村は長く、スリランカやインドなど南アジア地域の調査研究を続け、確固たる業績を残してきた。加えて「生命系の経済学」という、新しい学問運動における中心的な担い手でもあった。

民際学者中村尚司は、「あるく・みる・きく」をモットーとする研究者である。その原点には、幼少期に体験した経済的な苦闘があった。小学生のころ、父の商売が倒産し、日々の暮らしにも困窮。成績優秀にもかかわらず、高校進学をあきらめ、大手企業の採用試験を受け合格するが、一方的に取り消されてしまう。途方に暮れ、職員室に駆け込み、担任に相談していたのを、そばで聞いていたのが、数学の野口徳次郎先生だった。先生は高校に進むことを熱心に勧め、進学費用を捻出してくれた。高校に進んだ中村は、アルバイトに明け暮れる。新聞配達や銀行の清掃作業、夜店でカブトムシを売ったりもした。高校でも就職組だったが、野口先生の強い勧めで京都大学に進学した。中村の今があるのは、野口先生のおかげである。
貧困が、社会の現実を学ぶ教科書であった。苦境にあっても、人間の温情に触れ、導かれた経験は、中村の人格形成に極めて大きな影響を与えている。

京都新聞1992年２月22日付夕刊１面掲載写真（京都新聞社提供）

また外国からきた出稼ぎ労働者が、重病で倒れたにもかかわらず、医療扶助が受けられず、途方に暮れていた時には、先頭に立って支援活動に走り回った。ここからも分かるように中村は、日本に暮らすマイノリティの生活条件を少しでも改善しようと、東奔西走してきた研究者なのであった。

さらに、社会科学における当事者性を深めるために、新しい方法の学問として民際学を提唱したことでも、よく知られている。龍谷大学大学院経済学研究科に、民際学研究コースを設置するために、中村は主導的な役割を果たした。

この通り、中村の活動領域は極めて広範で、一言でその足跡を説明することは容易ではない。だが本書の目的は、そんな困難を承知の上で、中村の研究者としての歩みを辿っていこうとする試みである。

まずは個人的な思い出話から始めたい。師である中村尚司と私が最初に出会ったのは、一九八五年のことであった。前年の一九八四年に、アジア経済研究所から、龍谷大学経済学部に移った中村は、一流の研究者だという評判が学内でも高かった。アジア経済研究所で、スリランカをはじめ長く南アジアの調査を続け、農業にも造詣が深いという。私は、その研究室を訪ねてみようと思った。

当時、私は経営学部の学生で、環境問題や有機農業に興味を持っていた。少しだけ「意識高い系」の学生だと自負していたが、エラそうなことを言う割に、恥ずかしながら成績は芳しくなかった。劣等生の私だったが、先生のうわさを聞いて、一度ぜひお会いして話を聞いてみたいと思うようになった。

経営学部のゼミ教授が、毎週漫談に明け暮れ、授業らしい授業もなく、以前から不満を募らせていたことも、会ってみたいという動機に少なからず影響を与えていたに違いない。せっかく入った大学なのに、学生生活がこのまま終わってしまってよいのか。そうした強い焦燥感が、私を思わぬ方向に衝き動かしていくことになった。卒業後、経済学部の大学院に進んで、中村先生の指導を直接受けたいという、突拍子もない希望を持つようになったのである。

ある夜、教員名簿で電話番号を調べ、先生の自宅にいきなり電話をかけてみた。そして、自分の思いを一気に伝えた。先生は、私がいったいどういう学生なのか、推し量りかねているようだった。そして「大学院を受けるのなら、会うのは試験が終わってからにしましょう。来春ぜひ研究室に来てください」とおっしゃった。

大学を卒業する八六年春、大学院の試験を受けた。しかし劣等生にはハードルが高く、あえなく不合格となった。それからしばらくして、私は電話での約束通り、先生の研究室を訪ねることにした。中に入ると、山のような書籍が、元々設置されているスチール書棚だけには収まらず、追加の棚が部屋の中心部にせり出すように増設されていた。その横に事務机と椅子があるのだが、本棚のせいで、部屋が非常に狭く感じられた。客用の椅子に座り、先生と話す。先生はまだ四七歳で、新進気鋭の研究者という風貌だった。スラっと背が高く、細長いという印象が強い。

当時、アフリカの飢餓がマスコミを賑わせていたが、それが話題になった。私はどこかで仕入れたばかりの生半可な知識を披瀝し、その解決可能性について一席ぶった。だが、所詮中身のない、勇ましいだけの空論である。先生は私の意見に、様々な角度から矛盾を指摘し、気がつくと私は返答もできずに、しどろもどろになっていた。第一線で活躍する研究者の、博覧強記に圧倒されると同時に、自分自身の未熟さを顧みず、大きな顔で演説をぶった厚顔無恥ぶりに、穴があったら入りたくなった。そんな恥ずかしくなるような初対面であったが、帰りに先生から著書や数多くの資料をいただいた。そのうえ大学院の授業に、オブザーバーとして参加しませんか、と誘ってくださった。

それから私は、毎週中村研究室に通うようになった。劣等生が、大学院生と張り合おうとしても、土台無理がある。基礎知識もないのに、精いっぱい背伸びしたところで、すぐに馬脚を現してしまう。そのとき痛感したのは、素直に自分の未熟さを認めて、今後地道に勉強を続けていくしかないということだった。

当時、中村先生はよくこんなふうに、おっしゃっていた。

「僕は四時間以上勉強すると、嫌になってくるんですよ。だから、毎朝四時から、八時まで勉強するだけです。でも龍谷大学の教員の中で、一番勉強していると思う」

普通の人がこんなセリフを吐くと、大言壮語にしか聞こえないだろう。だが、中村先生が言うと、妙に説得力があった。先生の実績からしても、「一番勉強している」というのは、本当なんだと周囲を納得させる、迫力を感じたものだ。それ以来、私も毎日わずかずつでも、勉強を続けていこうと思うようになった。

一般的に、大学の研究者が、毎日どれくらいの時間を研究に充てているのかは知らない。もちろん人それぞれだろうし、勉強時間の長短が問題なのではなく、重要なのはその中身である。結果的に、よい論文を書けば周囲は納得する。

だが、地位に安住して全く論文も書かず、ただ大学にへばりつく寄生虫のような人が実際にはいる。

反対に蒼い顔で一日中机にかじりつき、大学に住み着いているような教員もみかけたものだった。しかしどちらにしても、実社会と何の接点も持たずに、浮世離れした仙人のように、研究室の周辺だけで生活が完結してしまうというのも、あまり充実した人生だとは思えない。

一方、中村は世界を飛び回る行動する研究者であった。「あるく、みる、きく」をモットーに、フィールドワークを重要視していた。だから、研究室と書庫の往復に一生を費やす書斎派の学者とは、次元や発想が全く異なっていた。

とにかく私は、中村先生の「四時間」を一つの目安に、毎日何かしら勉強をするようになった。とはいえ、先生がさも短いというニュアンスだった「四時間」を、毎日勉強に充てる気力や集中力はない。しかし短時間ではあっても、勉強を続けるモチベーションにはなった。

大学院に参加する日々は楽しかったが、家業の金物屋が経営難に陥り、私は急遽継がなければならなくなった。中村研究室通いは、残念ながら八六年七月であっけなく終了することになった。しかし大学院進学という志だけは、以後も忘れずに持ち続けた。

バブル崩壊後、食料品店の経営に商売替えをしたが、同じことを繰り返す毎日に、だんだん物足りなさを感じるようになってきた。

もちろん平凡な日常は、貴重である。しかしやがて歳をとり、四〇代、五〇代になって、同じ商売を続けている自分の姿を、想像することができなかった。日々の忙しさにかまけて、大切な何かを忘れてしまっている。私は学生時代にやり残したことが、あったのではないか。そう思うと、いても立ってもいられなくなってきた。

そして大学卒業から一三年後の一九九九年春、私は一念発起して大学院を受験し、ようやく龍谷大学大学院経済学研究科に合格し、民際学研究コースで学ぶことになった。その年の九月に、私は三七歳になった。

民際学研究コースは、フィールドワークを主体にした地域研究をするのが特色で、「歩くアジア学」の先駆者故鶴見良行先生が教鞭を取ったことでも知られている。そういうこともあり、多くの院生はアジア各地で調査を行い、興味深い論文を作成していた。

今から考えると、社会経験を積んでから、研究を始めることになってよかったと思う。それに翌二〇〇〇年には、中村先生の畏友である田中宏先生が、一橋大学を定年後、龍谷大学経済学部に移ってこられた。田中先生は、在日外国人の処遇改善に、長年奔走してこられた著名な研究者である。大学院では、二講時分を続けて行う中村尚司・田中宏合同ゼミが、毎週開かれることになった。私は非常に贅沢なゼミに、毎週欠かさず出席した。このように、私は中村尚司と田中宏という、碩学《せきがく》の薫陶を受け、お二人の後姿を見ながら歩みを進めてきたといってよいだろう。

私も二〇二二年に還暦を迎えた。最近、強く思うようになってきたのは、中村尚司がこれまで辿った足跡や思想遍歴をきちんと記録に残すことが、師の傍らで長く学んできた者の責務なのではないかということである。膨大な業績を検証することは、日本におけるアジア学の系譜を考えるうえにおいても、極めて重要な意味があるに違いない。

当然ながら、そこには田中宏の歩みが重なっていく。中村の長い研究者人生において、田中の存在は極めて重要であり、節目節目で交差していくことになる。

本書は、中村尚司の評伝であり、もっと具体的にいうなら、中村が模索した民際学という学問に至る道程でもある。中村はよく「専門家になりきれなかった」というが、換言するなら広範囲にわたる活動領域それぞれで、専門家以上の仕事をしてきたということでもある。そんな八面六臂ともいえる多面的な研究人生を、できるだけ忠実に追っていきたいと思う。しばしお付き合いいただきたい。

民際学者、アジアをあるく——中村尚司と仲間たちの時代◉目次

序章　民際学者との出会い　3
第一章　貧困の日々　15
第二章　スリランカへの旅立ち　29
第三章　スリランカ社会の分断　53
第四章　結婚、子育て、調査研究　65
第五章　生命系の経済学　83
第六章　田中宏と穂積五一（一）　100
第七章　田中宏と穂積五一（二）　123
第八章　鶴見良行 歩くアジア学　138
第九章　在日外国人の苦闘　160
第一〇章　外国人政策懇話会の創設　173
第一一章　民際学の提唱　183
終章　民際学の未来へ　196
参考文献　208
あとがき　214

＊ジャケット・扉写真　ヌサンタラ・スタディ・グループ（インドネシア群島研究会）の十数名は一九八八年七月二七日、木造機帆船チャハヤ号でインドネシア・ウジュンパンダンを出帆。約三〇〇〇キロ、三五日間にわたるアラフラ海の航海に漕ぎ出した（第八章参照）。扉写真のいちばん高いところにいるのが中村尚司、二列目右から二人目が鶴見良行（ジャケット写真＝鶴見良行撮影、立教大学共生社会研究センター所蔵、©学校法人立教学院／扉写真＝中島大《まさる》撮影、立教大学共生社会研究センター所蔵）。

＊本書掲載写真で、撮影者もしくは提供者名の記載のないものは全て中村尚司提供による。

第一章　貧困の日々

中村尚司は、一九三八年八月一八日に京都市の西陣で生まれた。その前年の七月七日、中国北京の南郊にある盧溝橋付近で、日中両軍が衝突する。これをきっかけに、日中戦争の火ぶたは切って落とされていた。中村は、そんな戦時色が日々濃厚になっていく時代に、生を受けたわけである。

一九四一年一二月八日、真珠湾奇襲攻撃と同時に、日本軍はマレー半島とフィリピンに進攻して、両地域を占領し、ここにアジア・太平洋戦争は始まった。一時、破竹の勢いだった日本軍だが、四二年六月、米軍の奇襲攻撃を受けたミッドウェー海戦の大敗で、戦局は一変する。

一九四四年六月、強大な戦力を率いる米軍が、サイパン島への上陸を開始した。戦力の差は圧倒的であり、日本の空母や飛行機部隊は壊滅した。同年七月、日本のサイパン島守備隊三万人が全滅したことにより、アジア・太平洋戦争の帰趨はほぼ決した。日本はB29の爆撃圏内に入ったのであった。

京都市は戦災がなかったという俗説があるが、実は違う。一九四五年一月から五回にわたり空襲を受けている。四五年六月二六日にあった五度目の京都空襲では、米軍のB29が爆弾数個を西陣署付近

左から長女泰子、母みよ、長男勝彦、次女佳代、父進三、四女孝江、次男尚司（三女悦子は1944年二歳で病没、五女邦江はまだ生まれていない）。1947-48年頃

に投下し、四三人の死者をはじめ、多数の重軽傷者がでている。

一九四五年春、もはや京都は人間の暮らせる場所ではないと、中村の母みよ（一九一四―二〇〇五）は、ビロード商を営む父進三（一九〇八―一九八四）を単身京都に残し、子ども五人を連れて、進三の実家がある伊吹山麓の滋賀県東浅井郡（現・長浜市）に縁故疎開した。そして六歳の中村は、大郷《おおざと》村立国民学校初等科に入学した。

明治に入り、日本社会は歴史的に深い結びつきのある、中国や朝鮮半島、インド亜大陸など、アジア諸地域から学んだ多くの知識を露骨に軽視し、その一方で欧米を手本に社会の諸制度を作り替えていった。脱亜入欧の暴風が吹き荒れるようになったのだった。

父進三の家は、元々同地で一三代続いた、漢方薬を扱う薬局であった。しかし、御一新後に薬業を続けるには、西洋医学を基礎とした薬剤師資格が必須とされることになった。日本社会は、西洋医学だけを医学とみなすという、著しく偏りのある方向に、舵を切ることになったのである。

進三の父は、薬剤師の資格を取ろうと、京都薬学専門学校（現・京都薬科大学）を三回受験するが、不合格になってしまう。やむなく薬局の経営をあきらめ、農業に転じていた。進三は小学四年を終えたところで、京都の繊維問屋に丁稚奉公に出た。

母みよ（旧姓前田）の生家は、南北朝時代の武将名和長年《なわながとし》に連なる家系で、中京区の旅館柊屋《ひいらぎや》近くで悉皆屋《しっかいや》を営んでいた。長じて、みよは京都大丸を創業した下村家で、女中奉公をすることになった。そして一九三五年、進三を紹介され結婚し、二男四女の子宝に恵まれた。

敗戦後の一九四七年四月、母子は滋賀県から京都市内に戻る。中村は中京区の市立生祥《せいしょう》小学校に転校し、その後下京区の豊園《ほうえん》小学校に移った。中村は子どもの頃から、病身で母親を悩ませた。今でいうアトピー性皮膚炎がひどく、幼稚園にも行けなかった。そのうえ、小学校に行っても黒板の字を判読できないほどの弱視であった。眼科に行くと、先天性眼球震盪症《しんとうしょう》と診断され、矯正の方法がないと匙《さじ》を投げられた。

成長するにしたがい筋肉が発達し、弱視が眼鏡で矯正できるようになったのと入れ替わるように、今度は気管支喘息が始まり、以来喘息発作と付き合う日々が続いている。

当時、戦後の混乱期であったが、進三が役員を務め、共同経営する会社の商売は順調で、家族は恵まれた生活を送ることできた。四条の長刀鉾町に家を買い暮らしていたが、ドッジ・ラインによる緊縮財政の影響で、父の会社は倒産してしまい、それ以降生活状況は一変する。住んでいた自宅を明け渡し、西陣に移るなど、一家の暮らしは急速に悪化していったのだった。中村は西陣から、仏光寺西町の豊園小学校まで市電で通うことになった。

中村が上京中学校に入学したころは、細々と商売を続けていた父を手伝うために、自転車でビロードを職人に届ける毎日だった。重い布を積んで、京都の街を西に東に走り回った。

だが生活は一向に上向かず、苦しいままであった。綱渡りのような毎日だったが、父が過労で体調を崩し寝込んでしまうと、途端に生活に窮することになる。売り食いの帯や着物も底をつき、明日食べるものさえ買えず、子どもを道連れに自殺を図ろうとしたことも一度や二度ではなかった。

毎月払う必要のある、学校の校友会費やＰＴＡ会費、遠足費等も当然支払えない。中村は、先生に教室で催促されても、「忘れました」と答えるしかなかった。バスで皆が遠足に行くときも、参加することはできなかった。それでも母を悲しませたくなかったから、いつも通り登校した。

当時は、貧しくて遠足に行けない生徒がクラスに数名いた。同級生が遠足から帰ってくるまで、そんな友達と京都御所で時間をつぶした。御所の近くには被差別部落があったが、その地区の友人はたいてい貧しく、遠足に行けない仲間だった。

中村は苦しい家庭環境にもかかわらず、小学校以来、常に学年でトップの成績を収めてきた。誰もが、その優秀さには一目置いていたが、家庭の経済状況を考えると、高校への進学はあきらめざるを得なかった。

当時の社会状況もあっただろうが、その頃上京中学の教師たちは非常に左翼的で、労働者に対する強い連帯感を隠そうともしなかった。にもかかわらず、クラスの約三分の一を占める就職組をまるで邪魔者扱いにし、進学グループのために特別補習授業をしていた。

さらに進学グループの内申書の点数を嵩上げするために、就職志望者の成績を実際よりも悪く記録していた。中村の成績も、実に無惨なものであった。もちろん京都に限らず、各地で進学組の成績をあからさまに優遇する行為が横行していたのだろう。

一九五〇年代といえば、保革の対立が先鋭化し、革命を語る運動家が力を持つ時代でもあった。しかしながら、受験を前にすると、教師たちの態度が一変してしまう。学歴というものが、革命家や理想主義者の心情さえも、歪めてしまうものであることを知り、中村は名状しがたい複雑な思いを禁じ得なかった。

中村が就職試験を受けたのは、精密機器メーカーの島津製作所であった。試験は完璧に解け、合格した。しかし面接の結果、採用は保留ということになった。いずれ採用通知が届くだろうと、他社の試験は受けずに待つことにした。ところが合否の連絡が一向にこない。一体どういうことなのか。恐る恐る問い合わせてみたところ、不採用だと知らされた。不況の影響があったのかもしれないが、中卒の就職希望者をまるで虫けらのようにあしらう、理不尽な振る舞いに、有名企業の普段見せない本性を垣間見る思いがした。（中村尚司『豊かなアジア、貧しい日本』）

途方に暮れて、「採用を復活してもらう方法はないでしょうか」と、職員室で担任に相談していたところ、そばで話を聞いていたのが数学の野口徳次郎先生だった。聞き捨てにできなかったのだろう。

野口徳次郎先生。若き日の中村をあたたかく見守り、そして鍛えた（野口徳次郎先生追悼文集『若竹とともに』より）

「そんな悪質な会社に就職せず、高校に進学したらどうか」と、声をかけてくれた。

野口先生は自分から言い出した以上、約束をどこまでも徹底する人だった。中村はビロード商の父が負債を抱えて倒産し、自分も働いて家計を支えなければならないという事情を説明するが、「野良犬だって食っているのに、人間が食っていけないはずがないじゃないか」というばかりである。

その夜自宅にやってきて、両親を説得してくれたが、「二歳上の長男、一歳上の長女も進学をあきらめて、中卒で働いている。尚司だけを特別扱いして、高校に進学させることはできない」と、にべもない。中村の兄や姉、そして下の妹も含めてみな優秀で、できれば進学したいと希望していたが、経済的な事情から果たせなかった。兄は中学卒業後、木綿問屋で住み込み、姉は白生地問屋の小間使いをしていた。しかし姉は中村に対して「無理をしてでも高校に行きなさい」と、熱心に進学を勧めてくれた。

野口先生は「あとの問題は私が責任をとるから、一人くらい進学させなさい」と、半ば強引に両親を説き伏せた。そして京都府立山城高校を受験し、進学することになった。

このように、たまたま生まれた家庭環境により、教育の機会に大きな差がついてしまう現実を肌身で知ったことは、中村が経済学者として「豊かさ」や「貧しさ」を考える上においても、貴重な経験になっている。

山城高校に入ってからは、種々雑多なアルバイトを掛け持ちでこなした。朝は新聞配達や京都中央卸売市場でハマグリの荷下ろし作業をし、土日は清掃会社の仕事で、京都市内の銀行を回って、窓ガラス拭きや床のワックスがけをした。祭日には、露天商組合の組合員証を貰って、夜店を出した。

野口徳次郎先生は、上京中学校を卒業後、高校や大学に進んだ苦学生たちに、塾講師のアルバイトを提供しようと、寺のお堂をいくつか教室として借り、若竹塾（通称）という学習塾を運営していた。

野口先生のみならず、先生の母親や姉、弟など家族総出で、苦学生たちの経済的、精神的な負担を軽減しようと、一心に援助してくれた。とりわけ先生のお母さんは、どんな時間に自宅を訪ねても、嫌な顔一つせずに、皆が普段口にできないようなご馳走を用意してくれた。

若竹塾の講師陣は、中村より四年前に上京中学を卒業し、京都大学などに進学していた先輩たちが中心であった。成績が抜きんでてよかった中村は、高校生にもかかわらず、京大の学生たちに交じり、塾の講師をしていた。若竹塾の収入は、講師が大学生でも高校生でも、みな平等に配分された。教える力のない者が、先輩たちの援助に支えられて講師をしている現実は、強く恥じ入るばかりであった。とはいえ、教えることは、学ぶことでもある。いくら教える実力がないと卑下しても、教壇に立つからには、準備をしなければならない。中村は、これまで以上に真剣に勉強をして、若竹塾の講師をしたことで、結果的に自らの成績がさらに良くなった。

これだけ連日働いても、当時のアルバイト代は安く、日本育英会の奨学金を合わせて、ようやく島津製作所でもらえるはずだった月給に届く程度だった。

経済学なるものに、初めて接したのは『中央公論』誌上に一部掲載された、ソ連邦の「経済学教科書」を読んだ、高校二年生のときである。高校の図書館で偶然手に取り、一気に読了した。いま読むと不満な箇所ばかりが目につくが、当時は日夜肉体労働に従事している、自分の生活の意義を解き明かしてくれるような気がして、このうえなく感動的な書物であるように感じた。続いて、岩波書店から刊行されたばかりの『共産党宣言』もむさぼるように読んだ。

一つ下の妹佳代は、中学を卒業後、京都第二赤十字病院血液検査室の補助職員として働きながら、定時制高校に通っていた。日本共産党員であった彼女から、中村も勧められ、日本民主青年団（のちの日本民主青年同盟）に入ったのは、高二の頃である。当時、京都には約六〇人の高校生共産党員がいたが、中村も末端の一員として、機関紙「若き戦士」や「赤旗」を配っていた。

しかし、日本共産党中央委員会は所感派と国際派とに内部分裂し、中村などの与り知らぬ地下で抗争をしていた。結局、自分たちの所属する「班」や「細胞」は、理由を知らされぬまま解散させられ、それを機に、中村も佳代も共産党員を辞めた。

ちょうどそんなころ、まとまった金が必要になり、南区の鴨川沿いにある染色工場で、一日一三時間のアルバイトを二か月間した。自分と同じ労働条件で、生涯にわたり働いている人たちと一緒にいると、何とも言えず重苦しい気分になった。読んだばかりの『経済学教科書』や民青の機関紙を話題にしようにも、全く会話が成り立たず、壁にさえぎられているように感じたものである。労働者階級という言葉を耳にすると、染色工場で真っ黒になって働いていた人たちの姿を今も思い浮かべてしまう。

このような労働体験に比べると、山城高校の左翼的な教師の話は、まったく印象に残っていない。同時に、学生たちが率いる授業料値上げ反対実行委員会のアジテーションも、まるで胸に響かなかった。参加する学生の多くが、休暇にスキーや登山を楽しみにする裕福な家庭の人達が中心で、値上げにより本当に困る人は全くいなかったからである。

山城高校に、中村と同じく期日通りに授業料を納められない、N君という学生がいた。抜群の成績を取っている勉強家で、近寄り難い雰囲気だったが、授業料値上げ問題をきっかけに話すと、実に鋭い社会批判をする。日本育英会の奨学金を貰ったらどうかと勧めてみたら、「ボクは朝鮮人やさかい、奨学金を貰う資格があらへん」という。N君の本名が、李君であることを、その時教えてもらった。中村と同じ、西陣で生まれ育ちながら、自分とは違う重荷を背負って生きてきたことを知り、強い衝撃を受けた（中村、同上書）。

日本育英会が、李君のような在日コリアンに奨学金を貸与し始めたのは、一九七五年四月からである。だが一九四三年に、大日本育英会として発足した当時は、朝鮮半島出身者に奨学金を支給していた。しかし戦後になって、在日コリアンなど旧植民地にルーツを持つ人たちへの支給を、国籍を理由に打ち切ってしまった。日本人は自らの戦争責任を直視せず、国籍条項を設けて、旧植民地にルーツを持つマイノリティを排除することに、何ら痛痒も感じずに来たのであった。

山城高校でも就職組だった中村だが、三年生になり、「大学へ進学するように」と野口先生が強く勧めてくれた。具体的な大学や学部を指示されるわけではなかったが、とにかく「勉強しなさい。そして学費に困ったら来なさい」と言ってくれた。学ぼうとする者への限りないやさしさに、感謝の言葉もなかった。ひたすら勉強することだけが、野口先生の気持ちに応えることだと思い定めた。

高校三年生の秋、過労と喘息の発作で寝込んでしまったことから、就職を断念することにし、アルバイトを続けながら、京都大学を目指すことにした。当時、一期校と二期校があった。一期校である京都大学の試験に落ちたら、二期校の京都工芸繊維大学を受けようと考えていた。

京都大学の受験を前にして、何学部に進んだらよいか真剣に悩んだ。一九四九年に、京大出身の湯川秀樹がノーベル物理学賞を受賞していた。数学や物理が得意だったことから、最初は湯川秀樹のように理論物理を専攻しようかとも思った。しかし、自分の父は小学校四年しか出ていない。兄や姉も中卒で働いていたこともあり、理学部物理学科というのは、いかにも自分の生活環境とは合わないように感じられ、別の道を考えた。

理屈が好きだから、哲学はどうかとも思った。しかし当時の京大文学部哲学科のカリキュラムを調べてみると、哲学の歴史についての授業ばかりで、肝心の哲学そのものの講義は見当たらなかった。哲学科に行っても、歴史の授業ばかりなら、いっそのこと歴史そのものの勉強をしたほうがよいのではないか。

文学部史学科には、東洋史、日本史、西洋史、考古学の専攻があった。どれがよいかと考えてみた。

東洋史を学ぼうとすると、中国の歴史を避けて通ることはできない。ということは、膨大な漢文の資料を紐解かなければならないことになる。漢文は読めたのだが、それを専門にするのは荷が重く感じた。

では日本史はどうか。日本史は天皇の歴史を軸に組み立てられているところがある。しかし、天皇陵を調査しようにも、宮内庁がそれを許さない。そんな状況を考えると、学問の資料に安定性がないように感じられた。

その点、西洋史は漢文や資料の問題に妨げられない。それに英語や仏語、伊語など、ヨーロッパの現代語というのは比較的新しく、勉強するのに困難は少ない。またロンドンやパリに対する、漠然とした憧れもあった。西洋かぶれでもあったのだ。

今出川近くを通るたびに目にする同志社女子大学の校舎や、京大隣の関西日仏会館は、青年期の中村にとって、京都で最も美しい建築に感じられた。家庭の経済的な苦境から、日々アルバイトに明け暮れる者の眼には、西洋的な別世界の空間に見えたのかもしれない。

そして一九五七年春、京都大学文学部史学科に入り、古代ローマ史を専門にすることにした。だが、いざ勉強を始めてみると、ギリシャ語やラテン語がヨーロッパ語の基礎になっている。西洋史を真剣に勉強しようとすると、ギリシャ語やラテン語を読めなければならない。しかし非常に難しく、だんだんとそれが苦痛になり、勉強の方向性が植民地の歴史に流れていくようになった。ひとつのきっかけとなったのが、日本外政学会と毎日新聞社がアジアについての懸賞論文を募集していたことである。

当時、マハトマ・ガンディの著作を読んで、非常に感銘を受けていた。西欧社会の繁栄は、インド

尾崎彦朔先生（大阪市立大学名誉教授）を囲む会。左から二人目が尾崎、右端が中村。京都岡崎の白河院で。

などに対する植民地支配がなければありえなかったと知り、憑き物が落ちるように、ヨーロッパへの憧れが雲散霧消していた頃であった。

ガンディの立場から、アジアを検討し直したらどうかと、考えるようになっていたので、「アジアの民主政治とマハトマ・ガンディ」というタイトルで、その懸賞論文に応募してみることにした。大学二年の時である。最優秀賞を受賞すれば、アジア各地を旅行するチケットがもらえる。その頃は、まだ海外旅行は自由ではなく、庶民にとって高嶺の花だった。許可をもらって割当でドルを貰わなければならない時代でもあり、賞品のアジア旅行には、憧れを感じた。

元々中村は、筆一本で生きていける、ジャーナリズムの道に進むことを希望していた。懸賞論文に募集したのも、そういう気持ちと重なるものがあったのだろう。

結果は、惜しくも優秀賞（二番目の賞）であった。一〇万円の賞金を貰い、五万円でテープレコーダーを買い、残りの五万円で四国一周旅行をした。山城高校で同級生だった荒木徹君（のちに京都大学教授）とともに、駅や学校の守衛室に泊まらせてもらいながら、四国の各所を巡り、見聞を広めた。中学校の友人川瀬孝也君が、当時室戸岬の気象台に勤めており、会いに行きたいと思ったことも、四国旅行の動機の一つである。アジア旅行から四国一周になったが、非常に有意義な旅になった。

せっかく入った京大の西洋史学科だったが、気に入る教授がいなかった。ちょうど京大経済学部に非常勤でインド経済史を教えに来ていた、尾崎彦朔《ひこさく》（大阪市立大学教授、現・大阪公立大学）の研究室に通うようになった。

卒業が近づき、ぜひ大学院に進学させてほしいと、中村は尾崎に希望を伝えた。自分自身、高校時代からずっとアルバイトで生計を立て、二人の妹の学費も出していた。だから大学院に進んでも、バイトで暮らしていけるんじゃないかと、算段した。

尾崎教授は、通産省（当時）の外郭団体として、アジア経済研究所ができたので、インドに留学するなら、そちらに就職したほうがよいのではないかと言われた。インドにいくには、大学院より確かに近道である。そこで尾崎教授の勧めもあり、アジア経済研究所を目指すことにした。とはいえ、大学では文学部西洋史学の専攻だから、経済学は門外漢である。試験まで、あまり時間はない。体系的な勉強を今からやろうと思っても難しい。

そこで、岩波書店から出ている、『経済学小辞典』を丸暗記することにした。醍醐寺に籠って、最初から最後まで丹念に通読し、試験に臨んだ。その結果、中村はアジア経済研究所の三期生として、好成績で合格を果たす。

だが、いざ研究所に入ってみると、東大で基礎から経済学を学んだ秀才たちが、論文を苦も無く書いていく。一方、中村は『経済学小辞典』を丸暗記して合格したものの、経済学については付け焼き刃の勉強しかしていない。当初は、苦労することが少なくなかった。

こうして、中村の研究領域は、ヨーロッパの古代史研究から、アジア現代史に変わった。アジア経済研究所に入ってから、やりたかったのはインド研究だった。しかし一期生、二期生が、インドの担当者に決まっている。そこでスリランカを勧められた。朝鮮半島はどうかという話もあったが、当時韓国は朴正熙《パクチョンヒ》の独裁政権下で国交もなかった頃であり、現地での調査に困難を感じて、二の足を踏んだ。結局、スリランカを中心に南アジア経済の調査研究を始めることになった。

第二章　スリランカへの旅立ち

一九六一年四月、中村尚司はアジア経済研究所（アジ研）に就職し、東京に居を移すことになった。アジ研は、一九五八年に通商産業省（現・経済産業省）管轄の財団法人として設立された、アジア地域の専門調査機関である。元々は大東亜共栄圏を支え、戦争の役に立つ研究をすることが求められた、満鉄調査部や東亜研究所に起源がある。一九六〇年に、同省所轄の特殊法人として改組され、一九九八年にはＪＥＴＲＯ（日本貿易振興機構）に統合されている。

中村が最初に暮らし始めたのは、品川区の五反田である。氷屋が経営していた下宿を、借りることにした。当時、東京都内は、まだ戦争の傷跡が各所に残っていた。氷屋の親父さんによると、店の周辺も空襲で焼け野原になっていたという。

戦時中、親父さんは生まれ故郷の信州に疎開していたが、敗戦後戻ると、氷屋は空襲で跡形もなくなっており、だいたいの見当をつけて、急いで境界上にロープを張り店の再建を始めた。下宿近くには、星新一（ＳＦ作家）の父星一が創業した星製薬の工場が、戦災を免れて、威容を誇るように立っていたことが、中村の印象に残っている。

当時の東京都内は、一九六四年に開催予定の東京五輪を前に、急ピッチで開発が進み、いたるところで工事が行われていた。街が急激な変貌を遂げる、途上にあったのだ。

五月の連休に、京都西陣の実家に戻ると、アジ研の電話交換手である江崎さんという女性が、突然家に訪ねてきた。彼女が西陣の人だということに、中村も気づいてはいたが、どうしてわざわ訪ねてきたのだろうと、不思議に思った。相談があるというので、近所の公園で話を聞くことにした。

江崎さんは、深刻な表情で、「実は私は既婚者です。でも結婚してないふりをして、勤めています。アジ研の規定では、電話交換手の職務に就く女性は、結婚すると辞めなければいけません。だから、私が結婚していることを、職場で言わないでほしい」と、懇願された。女性の職員には、既婚者なのにそれを隠して働いている人が、他にも数名いるという。

中村はそれを聞いて、酷い話だと思った。「それは憲法に反する事柄ですよ。ちゃんと戦わないといけません。労働組合をつくりましょう」と応じた。

東京に戻った中村は、アジ研の労働組合づくりに動き始め、九月にはさっそく結成されることになった。しかし江崎さんが既婚者であることが職場でバレてしまい、退職を迫られることになってしまう。組合を結成して最初の団体交渉が、女性の結婚退職制度廃止の要求であった。

東畑精一《とうばたせいいち》所長との交渉は、新大手町ビルの大会議室であった。彼女の解雇を阻止するために、度重なる労使交渉の末に、不当ともいえる女性の結婚退職制度は、見直されることになった。組合側が、全面的な勝利を勝ち取ったのである。

翌六二年四月、中村はアジ研の労働組合書記長になった。同年秋には、総評オルグ団に入ることになり、一年間の組合休暇を取って、山形県の木友《きとも》炭鉱閉山阻止闘争に加わる。熱心に活動するうちに、炭鉱夫が地底に潜り、真っ黒になって働き、一生を終えるような人生が果たして幸せなのかと、疑問を感じるようになってきた。

翌六三年春、木友炭鉱からアジ研に戻ると、「南アジアの調査研究を命じる」との辞令を受け取った。アジ研に就職してすでに二年が経っている。中村が組合活動に熱中している間に、同期の仲間は語学研修などを終え、それぞれ調査地に赴任していた。だが特に焦りはなかった。同期の入所者は、ほとんどが大学院を修了しており、学部を出ただけの中村よりも、年長者ばかりだったからだ。

スリランカに赴く前に、何が必要か考えるが、まだ右も左もわからない。航空便で南アジアの新聞や雑誌を取り寄せ、行ったことのない地域の経済事情を勉強し始めた。開発経済学に加えて、ヒンディー語や農村調査の研修も受けた。とりわけ、プランテーション農業と移住労働者問題に関心を持ち、それらテーマで研究論文を発表しているインドやスリランカの経済学者と文通を試みた。東京で入手できる文献資料をもとに、「セイロン島におけるプランテーション農業の成立」という論文を書き、『アジア経済』に発表したが、自分で調査したわけではない農業生産のあり方を論じるというのは、現実感がなく心もとなかった（中村尚司「南インド農村における農村経済調査を振り返って」）。

南アジア地域は、基本的に農業国である。まずは農業の勉強をしなければならないだろう。アジアの農村経済を調べるために、日本の農業との比較を試みたいと考えた。

もともと大学時代に西洋史を専攻した中村にとり、古典古代史やヨーロッパ中世史は対象世界とし

左から、玉城哲、荒井聡（当時日本大使館一等書記官、後に衆議院議員）、中村徳司、中村尚司、佐藤孝夫（JICA農業専門家）、中村禮子、多田博一（アジ研インド研究者）。スリランカ農業問題研究所で、貯水灌漑システムを調査していた中村を、玉城が訪ねてきた時の写真。1980年5月

て完結し、当事者性を必要とはしなかった。ヨーロッパ世界は自分の外側に、屹立していたのだった（中村尚司『豊かなアジア、貧しい日本』）。

だが、アジア研究に首を突っ込んでみて驚いたのは、ヨーロッパ人がアジアを研究するような方法が採用されていたことである。日本人の研究者であるにもかかわらず、日本をアジア研究に含めようとしない。自分がアジアの一員であることを忘れる努力を、懸命にしているようにしか見えなかった。

中村は、フィリピン研究の高橋彰を中心に数名の調査チームをつくり、新潟県西蒲原郡月潟《つきがた》

村で米作農家の調査を始めることにした。しかし当時中村が所属していた調査研究部で、研究プロジェクトや研究費の調整をしていた上司は、「お前のようなひよっこに何がわかる。税金の無駄遣いだ」と、月潟村での調査に猛反対である。

アジア研究に日本を含めようという案を拒否した上司は、研究の先達として「マックス・ウェーバーの読解に涙を流す努力をしなかった者は、アジア研究の資格がない」との教示を垂れた。アラブ社会主義の研究者であるこの人は、涙を流しながらウェーバーを読んで研究してきたのだろうか。しかしウェーバーのアジア社会論を金科玉条とするならば、自分たちがアジア人である利点が消えてしまうではないか。しかたなく、中村らのグループは、わずかばかりの研修費と有給休暇をとって、自費で調査を進めることにした。

農村調査をするうえで、詳しい人に教えてもらいたいと考えた。そこで当時国会図書館の農林課長だった旗手勲《はたていさお》（のちに愛知大学教授）に相談してみると、「農業問題を勉強するつもりなら、玉城君の話を聞け」と、玉城哲《たまきあきら》を紹介してくれた。さっそく玉城を囲む勉強会に出席することになった。

玉城哲は、当時財団法人水利科学研究所の研究員を務める、農業水利のスペシャリストであった。玉城は、愛知大学学長をつとめた玉城肇《はじめ》の次男として一九二八年に東京に生まれた。兄の玉城徹《とおる》は、北原白秋の一番弟子ともいわれる歌人である。弟の玉城素《もとい》は、現代コリア研究所理事長もつとめた朝鮮研究の専門家であった。

玉城は東京農業大学農学部農学科出身であることを誇りにし、農業への愛着を終生持ち続けた。農学ばかりでなく、あらゆる既成の学問におさまらず、どのような職業についても、その職位に安住することはできなかった。上級職の公務員試験に合格しても公務員にならず、共産党員としての活動を期待されながら、左翼政治家にもなりきれなかった。大学卒業後、一五回も転職を重ねたあげく、最後についた職業が専修大学教授であった。

中村にとり、玉城哲は最も影響を受けた研究者の一人である。なによりエリート臭くないのが、新鮮な驚きだった。農業の現場について、全体性を捉えた非常に具体的な話をする。実際の暮らしや社会が、どんな風に変わっていくか、内在的に見ていこうとしていた。

初めて玉城の論考を読んだときには、その表現力に感銘を受けた。「東大なんか出ていなくても、世の中には頭のよい人がちゃんといるんだ」と、中村は目の覚めるような思いがした。以後、玉城の書いたものをむさぼるように読み、その文体をお手本にするようになった。

日本における土地改良投資の意義を明らかにする所説として、玉城理論は最も優れた業績である。過去の労働が大地に合体し、大地そのものが豊かになったかに見える灌漑農業に着目し、玉城は独創的な理論を打ち立てたのであった（中村尚司「玉城理論に学ぶ」）。

はじめて中村たちが月潟村を訪ねたのは、一九六三年六月のことである。アジ研の東畑精一所長が本間国之輔村長あてに、紹介状を書いてくれた。それぞれのメンバーが分担を決めて、農村調査を行うことにした。中村自身は、村内における乗用トラクターの共同利用組織を分担したが、実際に担当してみると、農村経済の特定部分を切り取って調査する方法が気に入らなかった。バラバラに分担する調査では、農村生活の全体性が摑めない。それに部分と部分との連関という、非常に大切な境界領域の重要性を見失うのではないかと思った。そうした調査に対する違和感が、後に中村が提唱することになる「民際学」の着想に、繋がっていったのかもしれない。

同調査の成果は『新潟県西蒲原郡月潟村実態調査報告』（一九六四年）として纏められ、アジ研の所内資料になっている。取りまとめる過程で、玉城理論から多くを学んだ。以来、中村は南アジアと月潟村との往還を通して、アジア農村社会を調査する方法を摑んでいくことになった。

一九六五年八月、いよいよ南アジアの調査に向かうことになった。出発の二、三日前に、デリーに赴任している同僚の父親が、中村を訪ねてアジ研にやってきた。何の用かと思ったら、日本円で二〇万円を渡され、途中で香港に立ち寄ったときに、高いレートでインド・ルピーに交換し、息子に届けて貰えないかという。当時、日本では為替管理が厳しく、日銀の許可なく、円をドルなどの外貨に交換できなかった。香港は、為替管理がなく、様々な通貨との両替を自由に行うことができた。しかし、インドの通貨をインド国内に持ち込むことは禁止されていた。

中村は頼まれた通り、香港で兌換したあと、インド北東部カルカッタ（現・コルカタ）の空港に向かった。ところが、インドとパキスタンの戦争（第二次印パ戦争）が勃発し、民間航空機は着陸を許可されず、タイのバンコクで足止めされることになった。せっかくだから、この期間を利用して、カンボジアのシェムリアップにある、有名なアンコール・トム遺跡群を訪ねることにした。

まずプノンペンに着き、町の見物をした。当時のプノンペンは、まだ車が少なく静かであった。自転車のうしろに客席をつけた人力車が、たくさん行きかっていた。

プノンペンからは、カンボジア王国航空のプロペラ機でシェムリアップへ飛んだ。町にある小さなホテルに荷物を置いて、数日間遺跡群を訪ね歩き、ため息をつきながら眺めた。ジャングルに聳立す

1965年8月、中村は初のスリランカ調査に向かう途中、カンボジアのアンコール・トム遺跡群に立ち寄った。ポル・ポト軍がアンコール・ワットを占領する以前の様子がわかる。

る石造建造物の魅力に、中村は圧倒された。

アンコール・ワットは、タンジャウール（南インド）からアヌラーダプラ（スリランカ）、プランバナン（ジャワ島）、ナコンパトム（タイ）、パカン（ミャンマー）などに拡がる古代建築文化の頂点である。アンコール遺跡群は、南インドに起源をもつ、石造建築の完成に向かう数百年の道程を教えてくれる（中村尚司『人びとのアジア』）。

アンコール遺跡群に魅了される数日間であったが、カンボジアを発つ日が近づいたころ、ホテルで目が覚めると、香港で兌換したお金が盗まれて無くなっていることに気がついた。アジ研から貰った調査費は、腹巻に入れて肌身離さず持っていたが、カバンに入れてあった同僚に渡す金は全部盗られてしまったのである。しかたなく、バンコクの銀行で、虎の子の調査費をルピーに替えることにした。

六五年九月、最初に上陸できる民間飛行機に搭乗して、カルカッタ（現・コルカタ）に移動したが、戦時下の灯火管制が厳しく、とりわけ外国人の行動は著しく制限された。農村にまで戦争の影響は及んでいないだろうと期待して、マディヤ・プラデーシュ州カンドワ近郊の綿作農村を訪ねた。ところが数日後、警察署に呼び出される。パキスタンを支持する中国政府の工作員と疑われ、即刻カンドワ地区から退去するよう求められた。身柄を陸軍憲兵隊に引き渡され、「パタンコット急行」という軍用列車に乗せられた。ニューデリー駅までの約三〇時間、停まる駅ごとに軍人が乗り込み、「ハマーレ・デーシュコ・ジンダバード（インドの勝利万歳）」という歓呼の声に送られた。日本大使館に行き、「中国政府の工作員」という疑いは晴れたが、急いで戦時下のインドを離れ、スリランカに赴いた（中村尚司『南インド農村における農村経済調査を振り返って』）。

一九六五年一〇月から三年余り、中村尚司はセイロン大学大学院に留学する。セイロン大学のキャンパスは、スリランカ中央部のペラデニヤという小さな町にあった。元々ハンターナ山のふもとにあったゴムプランテーションが、一九五〇年代前半に大学用地に転用されたものである。広大なキャンパスに、学生のみならず、大学の教職員も住居を与えられ、すべての構成員（約一万名）が大学で暮らす建前をとっていた（中村尚司『地域と共同体』）。

ひとたび大学の構内に住むことを認められれば、外国からの留学生とスリランカ人学生との区別は

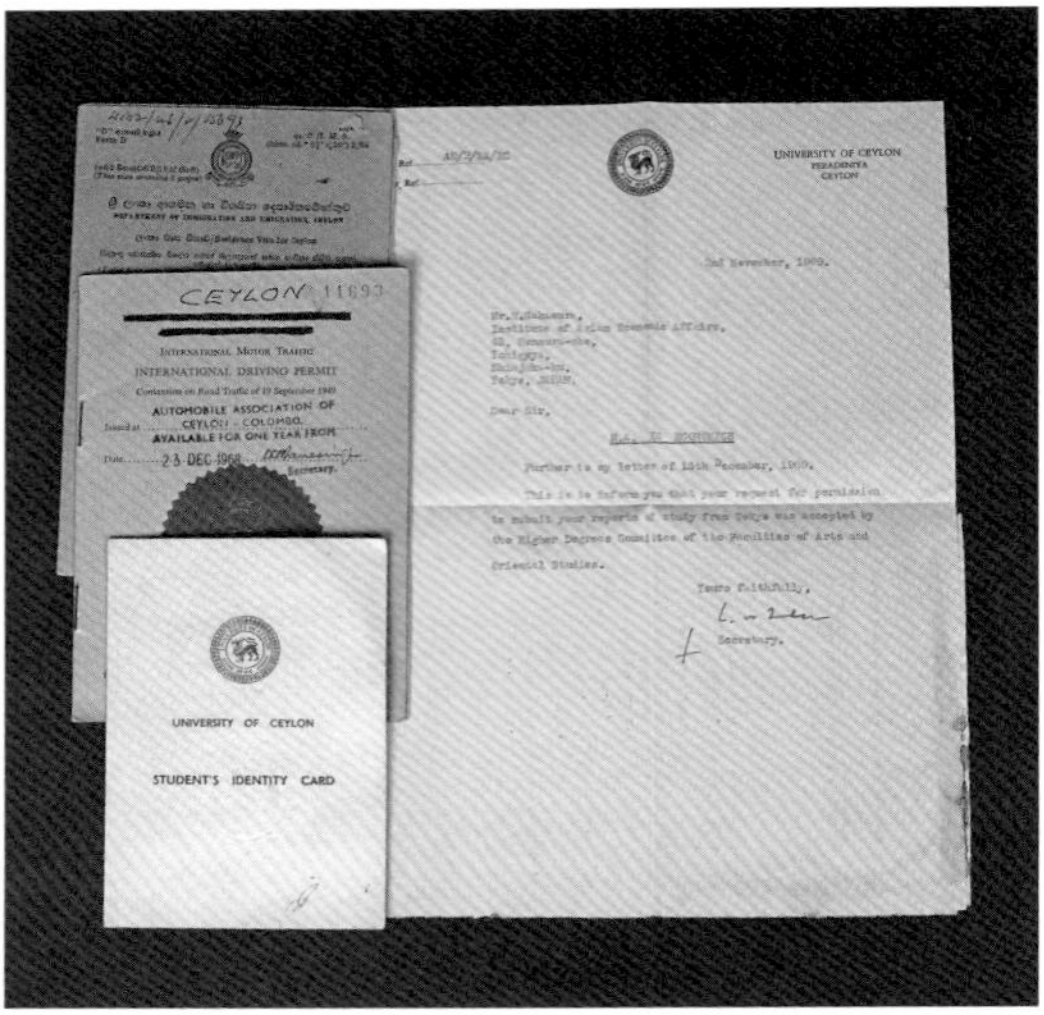

セイロン大学の学生証と入管の在留許可証
（柳原一徳撮影）

なく、大学社会の一員と扱うのが、セイロン大学の方針だった。

日本の公教育に失望をくりかえしていた中村は、当初セイロン大学での留学生活に、あまり多くの期待はしていなかった。ところが留学生としての暮らしは、予期に反して非常に充実したものであった。新しい体験と驚きや発見の連続で、生活のすべてがスリランカ社会についての勉強であり、研究であった（中村尚司「フィールドの大地へ出よう」）。

中村は、五〇〇人の学生が住む学生寮の一室を割り当てられる。本来は二人一部屋が原則だが、一人で使うことになった。部屋の広さは一〇畳ほどで、洗面と木製の机、書架が備え付けられており、シャワーは共同であった。五〇〇人の寮生のうち、留学生のなかには、中村のほかに外務省からの語学研修生である青山氏や、インドとアメリカからの学生がいた。青山氏には、「折角、この大学で暮らすことになったんだから、なるべく日本語のつきあいはやめることにしませんか」と話した。彼としても、その方が好都合だということで、食事の時間も大食堂で対角線の両端に座ることにした。

五〇〇人の学生が一堂に集まり、食事をする光景は壮観であった。菜食主義者と非菜食主義者のテーブルに大きく二分されており、中村は後者のテーブルに席を定めた。留学当初は、スリランカカレーの辛さに驚き、近所にある観光客向けのレストハウスで、サンドイッチを食べてしのいだこともあった。

セイロン大学では、英語、シンハラ語、タミル語の三言語で講義が行われていた。中村が履修した

中村尚司「1987年のスリランカ—内乱の深まりとインド平和維持軍」(『アジア動向年報1988』アジア経済研究所、1988年、抜刷より)

1965年、セイロン大学の同じ寮にいたヴィーララトナと、スリランカ東部ガルオヤ国立公園のセナナヤカ貯水池に行った。セナナヤカ貯水池はスリランカ有数の面積を誇る灌漑用貯水池である。ノーマン・アップホフはこの貯水池を長く調査し、下記の本を書いている（Norman Uphoff “Learning from Gal-Oya: Possibilities for Participatory Development and Post-Newtonian Social Science” Cornell University Press 1992）。

のは、英語による講義である。しかし最初のうちは、うまく聞き取れず、苦労をした。スリランカの公用語であるシンハラ語だけは、うまく使えるようになりたいと、シンハラ語学科にも熱心に通った。セイロン大学では、外国人学生のために初歩シンハラ語コースを特設していた。

教えてもらうばかりでは申し訳なく思い、日本文化や日本語に関心を持っている学生や先生のために、日本語の初歩クラスをセイロン大学で始めた。教え始めてみると、教えることは学

ぶことであるということがよくわかった。日本語を教える過程が、シンハラ語を学ぶことでもあった

（中村尚司『地域と共同体』）。

セイロン大学の大学院に在籍しながらも、中村自身は学位の取得に関心がなく、大学の近郊農村で経済調査を試みていた。書物を読んで理解する農村経済よりも、自分の足で歩いて調べるほうが身につく。統計データの解析より、当事者の声を重視する調査の方が、収穫が多いと感じていた。発展の担い手である、当事者の声を重視する調査には、フィールドリサーチが、最も有効性を発揮する。

中村がセイロン大学に入った一九六五年頃は、アメリカがベトナム戦争に深く介入していく時期と重なっていた。大学のキャンパスでも、アメリカの侵略戦争に抗議するためのストライキが学生たちから提案され圧倒的支持を得て可決。寮の周りにはバリケードが築かれ、中村も退寮を命じられた。ちょうどこの機会に、中村は同じ寮にいた友人のヴィーラトナと二人で、セイロン島を一周するバス旅行に出ることにした。スリランカでは、バスの通わぬ村はないといわれるほど、公営バス路線が四通八達していた。スリランカの道路は、それだけ舗装されていたということでもある。当時は、まだデコボコ道が目立った日本よりも、スリランカのほうが道路の整備は進んでいたのである。

この旅行の目的は、ふたつあった。ひとつは、人口五〇〇〇人以上の町には必ず降りて、少なくとも一泊し、マーケット、博物館、仏教やヒンドゥ教の寺院、自治体の事務所、協同組合などをのぞいてみること、もうひとつはシンハラ語以外は話さないこと、すなわち私のつたないシンハラ語では英語のできる人には失礼になるから、なるべくシンハラ語しか話せない人と話をすることであった。

（中村尚司『地域と共同体』）

タミル人の茶摘み労働者。スリランカ・ウバ地方。1968年頃
スリランカ南東部の高地にあるウバ地方は、紅茶栽培で世界的に有名。日東紅茶の社長が買い付けにきたとき、中村が通訳として茶園を案内した。当時、日本から来たお寺さんの通訳で、キャンディ地方の寺巡りをすることもよくあった。
アジ研からの派遣は本来2年だが、中村は終了後も1年半ほど現地にとどまった。超過した期間は無給である。その間、通訳やレポートの執筆で生計を立てていた。

中村たちが訪ねたのは南岸のシンハラ人居住地域が中心で、タミル人やイスラム教徒の居住地域は含まれていない。小さな島であるが、言葉の地方差は大きい。のちに村落調査をするようになって気がついたが、隣村での言葉遣いと明らかに違うことがよくあった。また、スリランカの先住民とみなされているヴェッダ人の話すシンハラ語（ヴェッダ語ともいわれる）は、シンハラ語の原型ではないかという説や、最下層カースト（乞食カーストといわれる）ロディヤの人たちの言葉ではないかという説など、まだよくわかっていない言語学上の課題が残されていることも知った。

そんな興味深い旅であったが、聖地カタラガマから乗ったバスの途中で、急に高熱が出て動けなくなってしまう。隣席の乗客が親切にも途中下車し、近くの商店で自動車を借りて、アンバーラ中央病院に連れて行ってくれた。すぐにデング熱だと診断され、病院に入院して治療することになり、バスの旅は残念ながら道半ばにして中断を余儀なくされてしまった（中村尚司『地域と共同体』）。

一九六七年一月から四月にかけて、中村は南インドのタミル・ナードゥ州ティルチラパッリ県アビニマンガラム村において、農村の経済調査を行った。研究テーマは、スリランカ中央山地において紅茶生産に従事するプランテーション労働者の経済生活を、出身地の農村経済と比較することであった。調査地域に選定したタミル・ナードゥ州カーヴェーリ川北部の農村地帯は、一九世紀後半から継続的に多くの出稼ぎ労働者を送り出してきた。

調査に際しては、当時のマドラス州（現・タミル・ナードゥ州）政府に調査許可の申請書を送る手続きを取った。六五年九月に、調査許可なしで村落調査を試み、中断せざるを得なくなった苦い経験があるので、非常に神経質になっていた。それ以来、無許可調査はやめようと強く思っていたのだ。

返事が来るまでの間、インド旅行をしてみようと、マドラス（現・チェンナイ）、ハイデラバード、ボンベイ（現・ムンバイ）、ニューデリー、ラクナウ、カルカッタ（現・コルカタ）、マドラスの順で、インド半島を列車で一周する。戻ってくると、許可書が出ていた。警察に捕まっても、それを差し出せばすぐに釈放してもらえるという、非常にありがたい許可書である。調査が済むまで、後生大事に携行していた（中村尚司『南インド農村における農村経済調査を振り返って』）。

1967年1月から4月にかけて、中村は南インドのマドラス州（現・タミル・ナードゥ州）ティルチラパッリ県アビニマンガラム村で経済調査を行った。村の大地主（寺）を訪ねたときの写真。左から中村、通訳のバズルーラ、村の登記官

受け入れの研究機関であるマドラス大学は、セイロン大学から紹介してもらっていた。マドラス大学に入ると、まずカウンセラーに会い、月額八〇〇ルピーで三か月間の学生アルバイトを紹介してほしいとお願いする。八〇〇ルピーという報酬（セイロン大学講師の初任給と同額）が、普通のアルバイトより良かったからか、成績優秀な学生ばかり八名も面接にやってきて驚いた。ティルチラパッリ県の農民の言葉が解ればだれでもよいが、下層カーストやハリジャン（不可触民）の家を訪ねて、お茶を飲むようなこともしていただけますか、と尋ねてみる。しかし皆が曖昧な返事で、言葉を濁す。結局全員から断られてしまった。

そこで、アジ研の伊藤正二から紹介された、M・バズルーラ（当時マドラス大学法学部大学院。弁護士になるため修学中）にお願いすることにし、彼と二人で村の調査に赴いた。バズルーラは、母語がウルドゥ語で、ヒンドゥ教徒でない点が、タミル語を母語とするヒンドゥ教徒の村の調査に向かないのではないかと心配したが、結果として非常に良かった。長くスリランカで暮らした経験のある村民が数十名もいる村だったので、バズルーラのタミル語が足りない点は、後でシンハラ語を話す村民からチェックすることができたからである。また、カースト間の微妙な対抗関係も、異教徒であるバズルー

ラの方が、どちらかと言えば公平な見方ができるという利点もあった。なにより彼に協力してもらえて有難かったのは、マイノリティであるインド・ムスリムの知識人として、弱者の痛みがよくわかる人柄であったことである。バズルーラとの三か月間に及ぶ共同生活を通じて、多くの事柄を学んだことからも、彼は通訳というよりインド生活の教師であった（中村尚司、同上書）。

当時中村は、スリランカやインドで半年に一度、献血をしていた。一九六七年初め、誰が知らせたのか、献血をする奇特な日本人を美談として取り上げたい、と放送局が言ってきた。バズルーラに話すと、「実は、私はマドラス（現・チェンナイ）で約六〇人登録されている定期献血者のひとりだ」と、

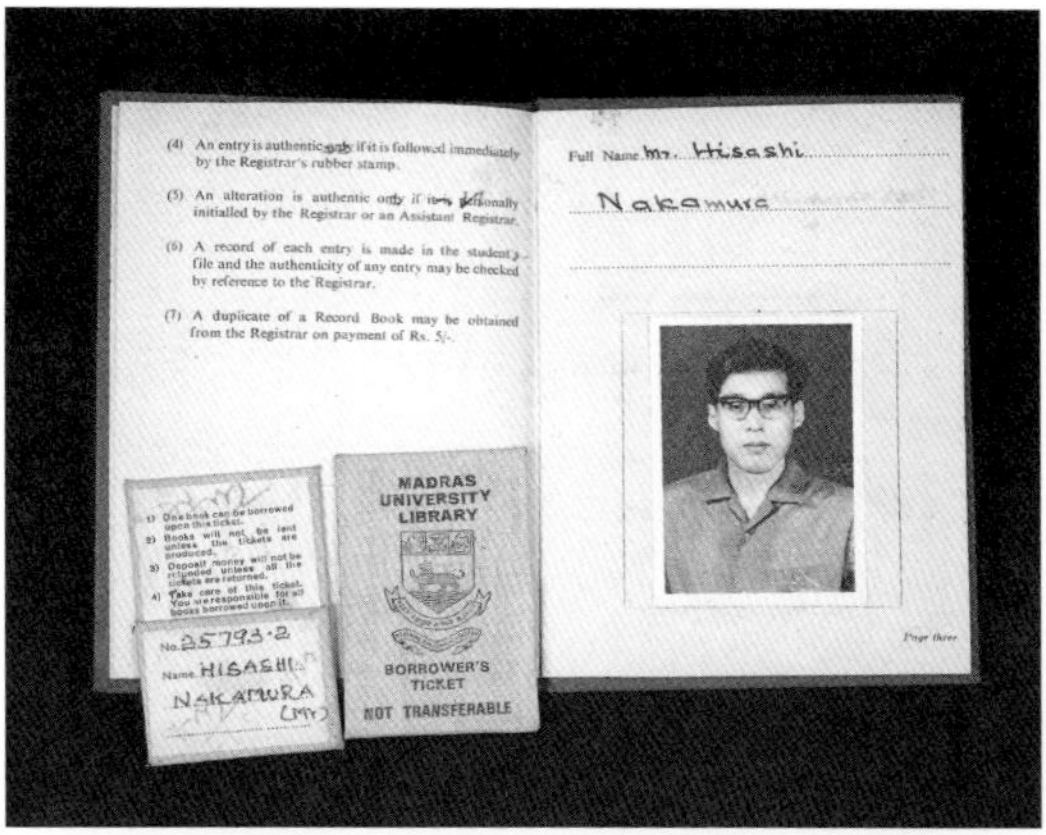

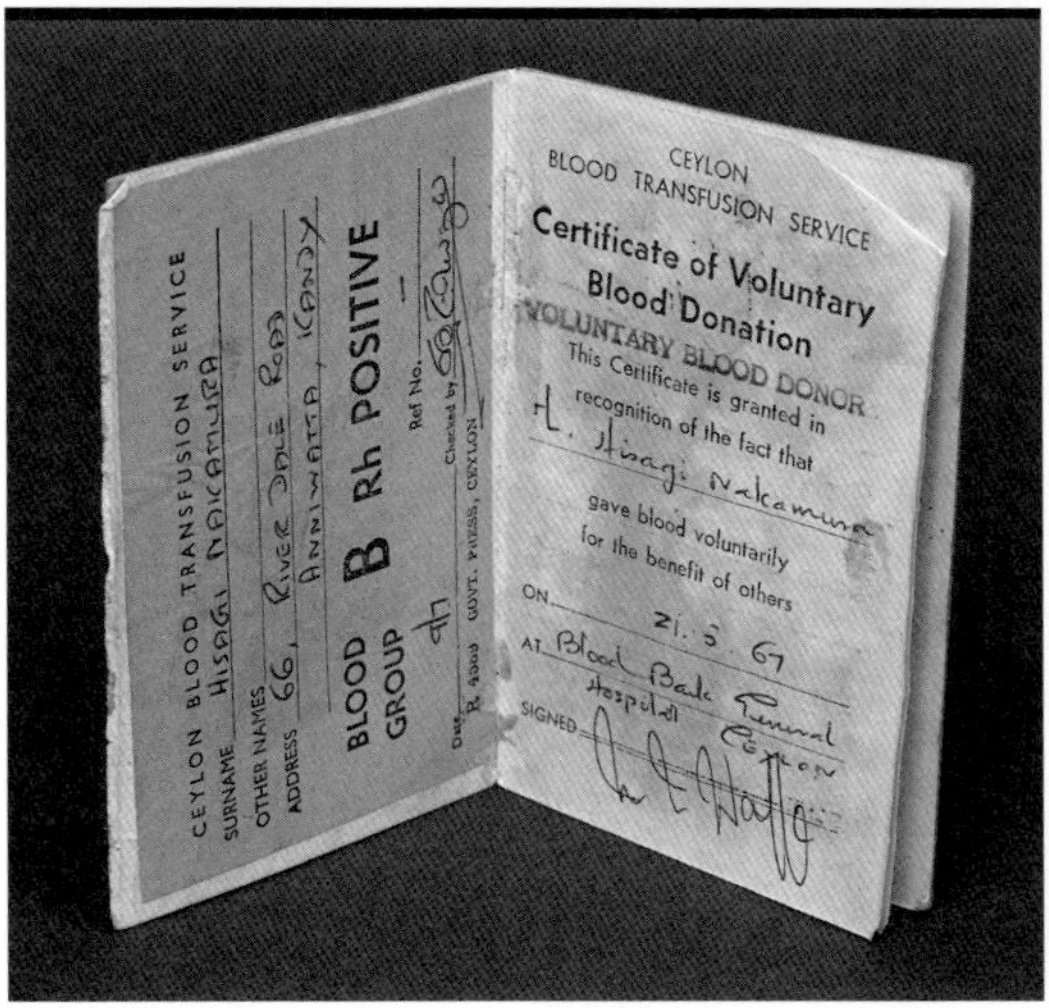

上　マドラス大学図書館利用許可書
下　中村の献血カード
（2点とも柳原一徳撮影）

いくらかためらいがちにいう。そして彼は「献血という行為が、貧しい人たちに金品を施すのと、どう違うのか」という疑問を中村に投げかけた。裕福なザミンダール（地主）の息子として育った彼は、インドで当たり前の風習として、富者から貧者に対する施しを身近に見聞きしてきた。

それまで調査者と通訳という契約関係をはみださないようにと自制し、二人の話題はおおむね「アビニマンガラム村」に限られていた。ところがこれをきっかけに、血液価格の経済学的意味について、彼と長い議論を続けることになった。そうした議論の応用問題として、「次回から献血をやめ、売血にかえようと思います。それでも取り上げてくれますか」と、放送記者にたずねてみた。すると記者は、即答しかねるという。しばらくたって「血を売る人の話題は、美談にならないので番組では扱わないことにします」という返事が来た。献血は美談だが、売血はスキャンダルだというのである。

バズルーラは「血液は金持ちでも貧乏人でも、自分の身体に必要なだけしかない。余分にある金品を寄付する慈善とは違う。いくら働いても作れないし、売るために作ることもできない。過剰に採血すれば、生命に危険である。そんなものに価格をつけるのは間違っている。無理な売買だからスキャンダルになる」といった。

・働いて作れるものなら、価格をつけて売ってもよい。
・売るために作ったものなら、価格をつけて市場に出してもよい。
・生命の維持と再生産に危険でなければ、価格をつけて売ってもよい。

以後、中村はこれら三項目をひそかに「バズルーラの商品化三原則」と呼んで、経済学的に突き詰めて考えるようになった（中村尚司『人びとのアジア』）。

バズルーラと三か月に及ぶ共同生活をしながら、日々調査に精を出した。予防接種をしていたから心配する必要はなかったが、村では天然痘が流行していたことから、二人で井戸の水汲みから皿洗い、さらには食料として買ってきたニワトリを、自分たちでつぶすことまでしなければならなかった。裁判官の息子として育った彼が、公衆の面前でそんなことまでしなければならないとは、おそらく考えたこともなかったはずである。

調査が終わりに近づくにつれ、寸暇を惜しんで調査をすることになった。カレーを食べているときでさえ、その日の聞き取り事項の確認や農家での面接で聞き漏らしたことなどについて、バズルーラにコメントを求めて質問攻めにするほどであった。なんとか帰る日までに全員のインタビューをしたいと考え、四〇度の熱を出している人の枕もとで無理をして話を聞いたことは、苦い記憶である。通訳のバズルーラにとって、朝から晩まで農村調査に付き合う内的必然性は本来ない。だが一言も反対せずに、最後まで協力してくれた。

ようやく調査が終わり、中村とバズルーラはへとへとになってマドラス（現・チェンナイ）に引き揚げた。バズルーラは、二人を迎えにきてくれていた彼の父親に、「農村調査がこんなにたいへんな仕事だとは思わなかった」と、小声でつぶやいていた（中村尚司『地域と共同体』）。

調査報告をセイロン大学に提出する必要があり、最初は英語でレポートを書いた。日本語で書いたものは、雑誌論文として掲載してもらおうとアジ研に送るが、上司の妨害が入ったらしく、全部没になってしまう。献血をめぐる所説は、全体としてあまりに珍奇であるという、判定らしい。そんな議論もいずれ有用になるときが来るかもしれないと、アジ研の編集委員に訴えたが、全く受け入れられ

左頁上　牛を使った田んぼの耕起作業。スリランカでは、年に２回米がとれる。９月のマハ期は、田んぼに水を張り、牛を使って耕起後、代掻き。10月に田植えをし、翌年１月に稲刈り。ヤラ期は、５月に水張り、６月田植え、７、８月に収穫。どちらの季節も雨季であるが、マハ期に比べてヤラ期は雨が少なく、それに対応して水田の面積も３分の２程度に小さくなる。４月は季節の変わり目で、正月。アジア各地では、水かけ祭りが行われる。
右頁上　耕起作業後の田んぼ。代掻き前の段階。畔にバナナを植えてあるが、甘くない野菜バナナである。カレーに入れる。
右頁下　稲刈り後、収穫した稲をカマタ（固い土地）に積んでいる。夜７時頃から夜中の２時頃まで、牛が稲を踏んで脱穀。暑い昼間にやると、牛が熱中症になってしまうので、夜に行う。
スリランカ中部、キャンディ地方。1967年ない。自分にとって、最初のインド村落調査だから、なんとか活字にしてほしかった。

ところが運良くというか、アジ研の機関誌『アジア経済』に、問題のある論文を発見した。ある大学教授（上司の友人）が、スリランカ人研究者の論文を丸写しして、出典を明らかにせず自分の名前で発表した論文が掲載されていたのである。こんな不届きな論文を掲載して、自分の論文を没にするとは何事か、と編集委員会に抗議文を投稿した。結果的に、盗作が判明した論文は没になり、中村の原稿が日の目を見ることになった（一九七五年に同論文他をまとめて『共同体の経済構造』として出版。英語版の"Accumulation and interchange of labor"は、一九七六年に出版している）。

一九六七年の同調査以降、中村はスリランカやネパールなどの農村調査を続け、日本の農村とも比較を試みてきた。アビニマンガラム村についても、一九七九年九月から八〇年三月にかけて、再び住み込み調査を行う機会を得た。一九八〇年四月から、コロンボの農業問題研究所に籍を置き、貯水灌漑システムについて研究していた中村を、玉城哲《たまきあきら》が訪ねてきた。一週間ほどかけて、スリランカにおける主だった貯水池群や農業地帯を見て回り、行く先々で中村に適切な示唆を与えてくれた。その間、玉城からは、自らが専心してきた灌漑農業一元論から訣別し、畑作や焼畑、林産、水産、畜産、醗酵産業など農業全体を、包括的に視野に収めようとする野心的な決意が伝わってくるのを感じた。同時に、玉城の酒量がそれまで以上に増えていたことが気になった。

稲作が列島文化の基礎にあるという思い込みが、長らく日本人の意識に濃厚に刷り込まれてきたのではないだろうか。玉城自身そうした考え方を踏まえて、農業水利の議論を展開してきた側面があった。ところが、そんな自明ともいえる前提が、網野善彦や坪井洋文らの研究で覆されていくことになる。焼畑や畑作のような稲作以外の農業、農民ではない海人《あま》や山人《やもうど》、芸能民など、これまであまり注目されてこなかった世界に光を当てた、彼らによる新たな視点からの日本社会論は、論壇に大きなインパクトを与え、多大なる支持を集めていくことになった。

そうした思潮の転換を目の当たりにし、玉城は自分の研究が狭かったのではないかと悲観するようになっていく。自らがのめりこんだ、日本文化を稲作に還元していく方法論に、行き詰まりを感じるようになったのだ。過度の飲酒が、心身を痛めつけていたのだろう。一九八三年七月、出版社からの依頼原稿を神田駿河台の山の上ホテルで執筆中、机上で事切れているのを、編集者に発見された。

玉城哲は、過去の労働が大地に合体され、大地そのものが豊かになったかのように見える灌漑農業に着眼し、輸入学問が支配するなかで、西欧モデルを乗り越え、自らの足で歩いて独創的な理論をうちたてていった。玉城理論の評価は、農業土木の技術者のみならず、農水省など官庁の実務担当者のなかでも極めて高く、熱烈な支持を受けるようになっていた（中村尚司「玉城理論に学ぶ」）。そうした地点から、稲作という狭い枠組みを脱し、多様な農業に視野を広げて議論を展開していたなら、果たしてどんな境地に達していたのだろうか。

中村が玉城逝去の一報に接したのは、月潟村西萱場の旧友宅で、スリランカのシャンムガラトナムや友杉孝とともに、近年の地価の動向を聞いている時であった。二〇年前の一九六三年に、月潟村の調査報告書を取りまとめる過程で玉城理論に接し、以来中村はそれをスリランカ水利研究に生かしてきた。スリランカで玉城は、「中村君、灌漑の水源は無限じゃないよ。水利開発によって、農業の営みを灌漑でおおいつくそうという企ては、灌漑農業そのものを解体しかねない」と強調していた（中村尚司『スリランカ水利研究序説』)。灌漑農業では、なぜ過剰開発に陥ってしまう傾向が強いのか、その論理を明らかにするのが次の課題だと、玉城は繰り返し中村に説いていたのであった。

葬儀に参列するために、急いで乗った上越新幹線の車中で、玉城が体系的に論述する機会を失った「過剰開発論」をどうしたら継承できるのか、中村はずっと自問していた。その後、中村はスリランカ水利の実証研究に活用しようと、南インドの貯水システムを調査したり、ロンドンのインド省文書館やキュー・ガーデンの公文書館に赴き、植民地以前の貯水システムを復元する資料を探したりして、「過剰開発論」を具体化する努力を続けた(中村尚司、同上書)。しかし残念ながら、未だスリランカ水利研究は「序説」にとどまり、「本論」には到達していない。玉城が遺した課題を形にするのは、決して容易ではない。しかしそうした困難を克服し、立派な成果を残す研究者がいつか現れるに違いない。課題は後進に託されているのである。

第三章　スリランカ社会の分断

中村尚司は、一九六五年九月から六九年一月までセイロン大学に留学し、その間スリランカおよび南インドの農村調査に精力的に取り組んだ。

ちょうど中村が留学していた時期は、ベトナム戦争にアメリカが介入していく過程と重なっていた。同じアジアの新興独立国として、セイロン大学の学生たちも看過できなかったのだろう。入学から三か月後の六五年一二月、大学の自治会では、アメリカの侵略戦争に抗議するためにストライキが提案され、圧倒的支持を得て可決された。中村は連日開催されていた集会に、たいてい参加していた。しかし一時的に滞在しているに過ぎない外国人が、学生運動に関与することはなるべく慎まなければならない、と考えていた。

やがてストライキに反対する学生との対立も激化するようになり、治安維持の名目で警官隊や、最終的には軍隊が出動する事態に発展する。中村がいたヴィジャヤワルダナ寮は、トロツキストを始めとする左翼諸党派の活動家が多く、学生運動の拠点となっていた。警官隊が、寮の前にバリケードを築きストライキをする学生に向け発砲する事件も発生した。

事態の収束後、中村は政治活動を理由に大学から処分されることもなく、退去を命じられ離れていた寮に復帰することができた（中村尚司『地域と共同体』）。

一五世紀以降、スリランカは中国やポルトガル、オランダ、イギリスなど各時代の最強国による支配を受け続けた。とりわけ一五〇五年のポルトガル来寇に始まる、欧米列強による植民地支配が続い

スリランカ・ゴール地方の漁村風景。1965年
セイロン大学では、当時ベトナム反戦運動が高まり、中村たちは一時退寮を命じられた。ちょうどよい機会だと、寮生の友人ヴィーララトナとセイロン島を一周するバス旅行に出た。この写真は、途中立ち寄った漁村で撮影した。スリランカでは、魚もカレーによく使う。とりわけトーラマル（鰆）のカレーは、ご馳走である。

たことで、北海道より小さなスリランカにおいて、民族や言語、宗教など、社会のなかに深刻な分断が生じた。複雑な多民族社会では、相互の利害調整がなによりも重要である。しかし調整を怠ると、流血の惨事になり、収拾のつかない事態に陥ることになる。

現在スリランカの人口は約二二〇〇万人で、多数派のシンハラ人が約七五パーセントを占める。次にタミル人が約一五パーセント、他にマラッカム人（ムーア人）、ヨーロッパ系渡来人の子孫であるランシー人（バーガー人）、マレー人、それからヴェッダと呼ばれる先住民族の人たちが暮らす。このうちスリランカ・タミル人は、シンハラ人と同様に古くから定住し、多くが北部ジャフナ半島で生活する。インド・タミル人はイギリス植民地下に、プランテーション労働者として来島し、中央高地地帯に多く暮らしている。かつてインド・タミル人は、スリランカとインドの両政府から市民権を拒否されていた。シンハラ人はシンハラ語を、タミル人はタミル語を母語とする。宗教は、シンハラ人のほとんどが仏教徒（上座部仏教）であり、タミル人はヒンドゥ教徒が多くを占める。他に、マレー人にはムスリムが、キリスト教徒（カトリック）はシンハラ、タミル人ともに見られる。

イギリス植民地時代のスリランカでは、英語社会と現地語社会が整然と区分され、両者の接点は少なかった。人口の約一割である英語を話す人たちが、スリランカでは優越的地位を占めた。英語を習得したタミル人は、植民地の分割統治政策により、シンハラ人より相対的に優遇されてきた。

一九四八年二月四日、スリランカはイギリス連邦内の自治領として独立する。五六年の総選挙後、シンハラ語が公用語化され、行政職、警察官、軍人などの分野はほぼ完全にシンハラ人が独占するようになり、タミル人は医師、技師、法律家などの専門職に向かうようになった（『南アジアを知る事典』）。

南インド調査のあと、バンダラナイケ国際空港に着陸する直前に機内から撮影。当時、地図は軍事機密のため売っていなかった。そういった事情があり俯瞰する写真を撮りたかった。1967年

公用語ではなくなったものの、今日でも英語の優勢は続いている。大学を卒業しても英語のできない学生は就職できず、大半が失業者になる。かつて中村がコロンボの知人宅を訪ねた際、老人や子どもも含めて、家族の会話は全て英語だった。小学校に上がったばかりの子どもが母親にシンハラ語で話しかけようとすると、「使用人と話す時以外は、シンハラ語を使ってはいけません」と、厳しく叱られていた。中村にも「子どもたちとは英語で話してほしい」と言うので、驚いてしまった。その後、いろんな人に接してみると、大学を出たような上流階級の人た

ちは、普段から家庭でも英語を使って生活していることがわかった。公用語でなくなってからも、英語の習熟度に対応して、社会的な階層を上昇できる以上、外国語の支配力は衰えない。独立以降、スリランカを支配したのは、英語を話す少数のシンハラ人であった。シンハラ人の中には、深刻な分裂が生じていたといえるだろう（中村尚司『地域と共同体』）。

シンハラ語しか話せぬ人たちの、閉塞感は想像に余りある。とりわけ地方都市で影響力を持つ、学校教師、仏教僧侶など指導者層は意気阻喪の状態に陥った。彼らに孤立感を植え付けたことが、結果的にスリランカ社会を不安定化させていき、やがてシンハラ指導者たちは、強硬にシンハラ語の公用語化を政府に迫ることになっていく。この動きは、本来英語を話す人びとの力を奪おうとするものであったが、皮肉にもタミル人の権利を脅かすことにつながっていったのである（アントニー・フェルナンド「日本の進歩とスリランカの心配」）。

英語を媒介にして、農村から都市に移住した人は、村でカリサンカーラヤ（ズボンをはいた人）と呼ばれている。いつのころからか、英語を話せる人だけがズボンをはけるという慣行が出来てしまっている。官吏、医師、弁護士、上級学校の教員などである。それ以外の人は、伝統的なサロン（筒形の腰布）を身につける。

村から出て、社会の上層に上るには、高等教育を受ける以外にないと、多くの人がそう考えている。一九六〇年代に入り、文科系の学科ではシンハラ語やタミル語のコースでも大学を卒業できるようになり、農村からの進学熱は急速に高まった。中村がセイロン大学に留学したころは、農村出身の学生（ハラマーニス＝田吾作というニュアンスで馬鹿にされていた）の急増期にあたっていた。オックスフォード大学のセイロン支部を作りたいという願望から出発したこの貴族的な大学では、英語を日常語とする学生（ドイツ語のクルトゥールと呼ばれていた）とハラマーニスとの社会的格差が大きかった。便所のない家から来たハラマーニスが、水洗式の便器で顔を洗ったとか、高い寮費が払えず自殺したという噂が流れていた。ようやく卒業しても、待っているのは失業だった。英語を話せぬハラマーニスなど、使いようがないというのである。両親や郷党の期待を裏切り、帰村しても農作業の手伝いをするしかない。そんな無念や憤懣がどれだけ激しいか。ひとたび彼らの怒りに火がつけば、一気に燃え上がることを、中村は目の当たりにしてきた（中村尚司『地域と共同体』）。

一九七〇年四月五日の早朝、シンハラ人農村青年が結成した人民解放戦線（ＪＶＰ）の武装蜂起は、エリート支配に暴力で対抗する時代の出発点となった。反乱軍の組織的な暴力は、一両日の間にシンハラ人居住地域の半分以上を支配下に置き、世界を震撼させた。当時の冷戦構造にもかかわらず、東西両陣営とインドやユーゴスラヴィアなど非同盟諸国も軍事援助を行い、数か月のうちに農村青年による武装反乱は鎮圧された。

同様の傾向は、一九八三年八月に始まるジャフナ半島における、タミル人青年の武装蜂起にも共通する。英語教育を受けないタミル人の農村青年の間では、エリート政治家に対する反感が根強い。彼らの不満は、やがてスリランカ政府に対する軍事的な対決へと展開していった（中村尚司「スリランカ和平と復興支援の課題」）。

一九七二年の憲法制定により、スリランカは自治領から共和国へと政体を改め、上院を廃止し、一院制の議会制度を採用した。この憲法では、仏教に第一の地位を与え、仏教を保護し育成することが国家の義務である、と定められた。だがこれは、シンハラ民族主義の表明であり、ヒンドゥ教徒など他教徒の反発を招くことになる。北部のタミル人中産階級を中心に、シンハラ化政策に反発して、連邦制国家を求める声が強くなり、七〇年代中ごろから、「イーラム共和国」として分離独立を主張する運動へと発展した（『南アジアを知る事典』）。

元々、タミル・コミュニティは、非常に教育に熱心で、大学入学者数も人口比よりもはるかに多いほどであった。一九七〇年代初めまでは、全国統一試験の成績で入学者は決まっていた。ところが、民族の人口比に基づいて入学者数が決定されることになり、タミル人は極めて不利な立場に追いやられてしまう。こうした制度の導入は、大学入学を果たせず、悔しい思いをしたタミル人の若者たちを、結果的に過激なタミル・ナショナリズム闘争に引き寄せることにつながっていく。

当初タミル人たちの起こした運動は、穏健なものだった。ところが非暴力的な抵抗運動に対して、治安当局は強権的に力で押さえつけようとした。路上で傷つけられる人たちを目の当たりにして、タミル人たちは恐怖におののき、猛烈に反発した。そんな暴力が、若者たちを武力闘争に駆り立てるきっかけになっていく。一九八三年七月、ＬＴＴＥ（タミル・イーラム解放の虎）は、一三人のスリランカ軍兵士を攻撃し、殺害した。これが発端となり、スリランカの歴史上例のない、タミル人虐殺がおこった。何千ものタミル人が殺され、家屋が焼かれた。後に「ブラック・ジュライ（黒い七月）」と名づけられた、この暴動はシンハラ人とタミル人の関係をめぐる大きな分岐点となった。それまでは限定的であった、タミル分離独立国家を要求するタミル人の声が、事件後確実に増えていくことになる（クマール・デイビッド「スリランカの紛争と民主主義を理解する」）。

南インドには六〇〇〇万人ものタミル人が住んでいることから、スリランカのシンハラ人たちにとっては、自らが相対的に少数民族であるという意識も根強い。そのためタミル人の分離独立運動が、インドのタミル・ナードゥ州の政治勢力と結ぶことへの警戒心が強い。一方、スリランカに暮らすタミル人にとり、南インドのタミル・ナードゥ州は、自らのルーツともいえる土地である。同州のタミル人たちは、スリランカの政権によるタミル人虐殺に強烈な反感を抱いていた。

民族対立に端を発する暴動が間欠的に発生するようになり、分離独立運動は武装闘争へとエスカレートしていった。LTTEと政府軍との衝突が、各地で繰り返し発生するようになった。反政府軍の猛攻で、劣勢に立たされた政府軍は、兵力の維持さえ困難になり始めた。やむなくジャヤワルダナ大統領は、LTTE鎮圧のためにインド政府に軍隊の派遣を要請する。そして八〇年代終わりから九〇年代にかけて、スリランカは一二万人ものインド平和維持軍を受け入れることになった。国連の枠組みの外で、問題を解決するという意志がインドには非常に強くあり、単独での軍事行動となった。

インド軍の所持する武器弾薬は強力で、LTTEは制圧されてしまう。LTTE側からすると、自分たちが優勢なのにインド軍はなぜ邪魔をするのかと、不満を募らせていくことになる。結果的にそれが引き金となり、一九九一年五月のラジブ・ガンディ元首相暗殺につながってしまった（『南アジアを知る事典』）。

二〇〇一年一二月、統一国民戦線（UNF）のラニル・ウィクラマシンハ政権が誕生し、翌二〇〇二年二月に無期限の停戦が実現したことで、話し合いによる解決の機運が高まった。スリランカの首相府に和平調整事務局（SCOPP）が設置され、初代事務局長から中村に来島と助言を求める連絡が入った。一九六〇年代から、毎年のようにスリランカに通い続け、閣僚にも友人が少なくない中村は、同国の社会経済問題に精通している。そうしたことを評価しての、要請だったのだろう。SCOPPでは和平の見通しについて、議論が重ねられた（中村尚司「スリランカ和平と復興支援の課題」）。

最大の援助国である日本政府は、明石康をスリランカ和平の特別代表に任命した。中村は明石と何度も会い、打ち合わせを続けた。日本は、ノルウェー、米国、およびEUとともに、和平プロセスと戦後復興を支援する共同議長国となる。明石代表の熱心な取り組みは、交戦していた当事者だけでなく、スリランカ内外で高く評価され、多くの期待を集めた（中村尚司「スリランカの内戦激化と日本の役割」）。

二〇〇四年一二月二六日、インドネシア西部、スマトラ島北西沖のインド洋で起こった巨大地震による大津波が、インド洋に面した各国の沿岸部に、甚大な被害をもたらす。死者の総数は二二万人を超え、スリランカでもコロンボ発ゴール行きの列車が津波に流され転覆するなど、犠牲者は三万五〇〇〇人超に上った。

中村は地震の数日前にスリランカに入国したが、その時バンダラナイケ国際空港で京都大学の研究者三人と出会った。彼らが調査のためにゴールに行くと話していたことから、津波に遭遇していないか心配になってきた。スリランカの日本大使館に電話をかけ、何か情報は入っていないか問い合わせるが、全くわからない。困っているだろうと、バスでゴールに向かうことにした。幸いにして、彼らはすぐに見つかり、元気であることを確認し安堵した。

スリランカ北東部のムラティブという町では、被災者救援に奮闘する地元医師に頼まれ、コロンボで抗生物質を大量に調達し、届けたこともあった。

地震後、政府軍とＬＴＴＥが協力し、復興に取り組むなど、両者の関係に融和の兆しが見え始めた。ＬＴＴＥが支配するスリランカ北東部も、二〇〇二年の停戦協定以後は、多くの援助団体が入り長らく続いた内戦からの復興が進んでいた。だが次第に、津波後の復興過程における不信感や反発によって、暴力や戦闘再開の動きが高まってくる（小野山亮「紛争地ジャフナからの報告」）。

左から、中村、明石康国連事務次長、禮子、橘正信西本願寺総務（2009～12年総長）。2006年から、スリランカ問題担当の日本政府代表であった明石は、中村とスリランカ内戦終結に向けた打ち合わせをするため、頻繁に京都を訪れた。2008年５月21日、親鸞聖人の誕生を祝う降誕会があり、明石と中村夫妻は、橘から西本願寺の国宝飛雲閣で行われるお茶会に招待された。

二〇〇五年の大統領選後、スリランカの内戦をめぐる状況は錯綜を極める。マヒンダ・ラジャパクサ政権が成立したことで、停戦協定は引き裂かれてしまった。再び戦闘が激しくなり、各地で自爆テロが頻発する。しかしスリランカ政府軍との攻防の末に、ＬＴＴＥは次第に弱体化していき、二〇〇九年五月、政府軍がＬＴＴＥの拠点を制圧し、内戦は終結した。

四半世紀以上続いたスリランカの内戦だが、元を辿ればイギリスによる植民地支配で生じた、様々な矛盾をめぐる対立であるともいえた。そうした負の遺産の後始末に、シンハラ人とタミル人が翻弄され続けてきたのである。スリランカの大地に横たわる、死屍累々たる犠牲者を前に、私たちは言葉を失ってしまう。

内戦は終わったものの、現在のスリランカ経済は瀕死の状態である。二〇二二年五月、対外債務の膨張により、スリランカはデフォルト（債務不履行）状態に陥った。七月には、人びとの批判が高まり、ゴータバヤ・ラジャパクサ大統領が国外脱出する事態になった。

一九七〇年代後半から、日本が供与する政府開発援助（ＯＤＡ）は急増し、約四〇年間にわたり、スリランカに対するトップクラスの援助国となっている。スリランカが受け取る外国援助総額の五割以上を占める年次が多い。この間、民族抗争による内戦が拡大したことを考えると、日本からの援助資金の持続性は、目をみはるばかりである。日本からの援助が、スリランカ社会において、どのような役割を果たしてきたのか、再検討しなくてはならないだろう（中村尚司「スリランカの内戦激化と日本の役割」）。

中村は、一九六五年からずっとスリランカに通い続けた研究者である。豊かになって、人びとの暮らしがすこしでも充実したものになるよう、心から願ってきた。ところが、長期間にわたる内戦で、社会は荒廃してしまった。輸出できる商品は紅茶くらいで、他に目につく産業はない。明るい希望は、ほとんど見当たらないのが現状である。

これまで日本とスリランカの関係は、開発援助ばかりに偏ってきたようにみえる。一方、経済援助以外の分野で、長期的な関係を維持継続することは、ほとんど見られなかった。学術や芸術分野における、人的交流は極めて乏しい。

破綻状態にある経済を立て直すのは、容易ではない。しかし日本が何らかの支援をできるとすれば、経済面のみならず、様々な分野で活発な民際協力を作り出すような、草の根レベルの動きを、積極的に後押しすることが重要になるだろう。

スリランカは、東西交通の要所に位置する。政治や経済が安定すれば、明るい展望が見えてくる可能性が十分にある。また日本のような高度成長政策をとらず、早くから食料の無料配給、入院、手術を含む医療の無償化、小学校から大学までの無償教育、農民への各種補助金支給などに、重点的に財政支出を行ってきた(『南アジアを知る事典』)。ある意味、日本が今後目指すべき社会政策を先取りしてきたともいえる。私たちが学ぶべき事柄も、けっして少なくないのである。

公教育が普及していることから、人びとの潜在能力は決して低くない。現状は悲観的な材料ばかりにみえるが、けっしてそれだけではないように思う。世の中が落ち着き、経済面を心配せずに暮らしていける状況が訪れたなら、スリランカはやがて成長軌道に乗る可能性が高いのではないだろうか。

第四章　結婚、子育て、調査研究

中村尚司は、子どものころから病気がちで、母みよをいつも心配させていた。いまでいうアトピー性皮膚炎だったらしく、全身の湿疹で幼稚園にも行けなかった。そのうえ弱視がひどく、小学校に入学しても黒板の字が読めず、授業にもついていけなかった。先天性眼球震盪症《しんとうしょう》と診断され、矯正の方法がないから、盲学校に行くことを勧められたほどであった。肩身の狭い思いを抱えて、教室の片隅に猫背の身体でおとなしくじっと座っていた。中学生になって、眼球を固定する筋肉が発達し、眼鏡で弱視を矯正することができるようになり、ずいぶんハンディキャップは少なくなってきた。

ところが、それと入れ替わるように気管支喘息になり、喘息発作と付き合う人生が始まってしまう。八〇歳代半ばになったいまでも、気管支拡張剤や副腎皮質ホルモンを手放せない。

病気がちの中村には兄と姉、そして三人の妹がいた。中村を含めた上から四人は年子である。成育歴を振り返ると、なにごとにも利発な姉と妹に助けられながら、育ったといってよいかもしれない。一つ違いの姉泰子と妹佳代に挟まれたことから、人格形成や言語の習得については、この二人の影響が大きかったと考えられる。少年期になってからも、「そやおへんか」という、女言葉を使っていたほどである。

兄姉妹たちはみな勉強好きで成績がよかったが、家庭の経済状況が困窮を極めていたことから、中村を除いて高校に進むことは困難であった。妹佳代も優秀であったにもかかわらず、中学卒業後は京都第二赤十字病院血液検査室の補助職員として働きだしていた。一方で、勉学に対する思いも捨てがたく、働きながら定時制高校に通い、通常は四年かかるところを、三年で卒業した。また衛生検査技師が国家資格になった時には、第一回目の試験で合格を果たしている。

そんな佳代は、中村のことを非常に尊敬していた。結婚し、三三歳で子どもの妊娠が分かった時には、女の子が生まれたら、中村の名前から一字をとり、「尚子《ひさこ》」にすると決めていた。一九七二年の出産時に、尚子は無事に生まれたものの、佳代は前置胎盤による出血多量で、あっけなくこの世を去ってしまう。医療過誤の疑いが濃厚であった。

母みよは悲嘆にくれる。しばらくたって、東京で働く中村のもとを訪ねてきて、「早く家族を作ってほしい」と、懇願された。中村には特に結婚願望はなかったが、母の強い思いを知り、安心させてやりたいと考えるようになっていた。

現在、アジ研は千葉県の幕張新都心に移転しているが、当時は新宿区の市ヶ谷に庁舎を構えていた。一九七〇年一一月二五日、隣にある陸上自衛隊市ヶ谷駐屯地で、作家三島由紀夫が自衛隊員たちに決起を呼びかけた末に、総監室内で自決するという大事件が発生したが、この時はアジ研内でも大騒ぎになったという。

中村尚司と禮子の挙式。京都・梨木神社。1973年１月25日

当時、アジ研の庁舎内には、ＯＴＣＡ（海外技術協力事業団、一九七四年に国際協力事業団（ＪＩＣＡ）に改組。二〇〇三年国際協力機構に改称）のオフィスも同居していた。中村は、ＯＴＣＡの顧問であり、農業水利学者の福田仁志（東京大学名誉教授）に用があり、同氏のもとをたびたび訪ねることがあった。そこで出会ったのが、役員秘書の小坂禮子であった。縁があったのか、その頃二人は庁舎内でばったり出くわすことが非常に増えたという。それから、ほどなくして付き合い始め、結婚することになった。

結婚に際して、世事に疎い中村を心配した姉の泰子からは、必要事項を箇条書きにした手紙が届いていた。そこには、「指輪を買うこと」という項目もあった。中村はさっそく、禮子を誘って宝石店に行った。宝石で有名なスリランカについて研究しているだけあって、種類についてはよく知っていた。しかし店員に、「この中で一番安いのはどれですか」と真剣に尋ねたことから、禮子は呆気にとられてしまった。

二人は、一九七三年一月一日に入籍し、一月二五日に京都御所横の梨木神社で結婚式をとりおこなう。中村は三四歳、禮子は二七歳であった。東京から離れて、中村の生家近くで式を挙げた理由は、仕事関係のエライ人たちを呼ばず、身内だけで済まそうと考えたからである。

その後、子どもはなかなか授からず、不妊治療に通った末に、ようやく一九七七年三月に男の子が誕生する。中村は、中学時代の恩師野口徳次郎先生の名前から一字を取って、徳司と命名した。

ちょうどその頃、中村は早稲田大学で非常勤講師を引き受けていた関係で、同校を卒業して司法試験に合格した、在日コリアンの金敬得《キムギョンドク》に出会った。彼は和歌山市で生まれ育ち、日本に生活の本拠を置いているのに、弁護士になる道が閉ざされていた。中村は、田中宏たちと最高裁判所への陳情を繰り返しながら、彼らが何世代日本に住んでも、日本社会の構成員から排除される戸籍制度の役割に気づいた（中村尚司『人びとのアジア』）。

在日コリアンの弁護士を生み出す運動のさなかに、長男が誕生したばかりだったことから、五〇〇円の科料を受忍する覚悟で、無戸籍状態の実験をしてみた。当時の居住地である江東区役所に赴き、「当分のあいだ、戸籍に入れないことにします」と申し出た。すると、中村の本籍地である京都市の上京区長から、たびたび速達で「一日も早く戸籍に入れるように」と、督促状が送られてきた。

日本の地方自治は、住民より国家に奉仕するシステムであるかのように見える。自治体に地方分権意識が乏しく、国家の代行機関であることに疑いをはさまない。法務省の幹部は「戸籍制度は、最も優れた人民管理制度だ」と自画自賛するが、世界に広がることはない。戸籍を遺漏なく維持するのは、実に面倒な行政事務である。地域住民とは無縁な人間のために、国家の委任事務を引き受ける自治体政府は他国に存在しないからである。

日本近代の発明である戸籍制度の特徴は、「イエ」単位の身分関係管理と労働市場の発展との両立にある。移動の自由や職業選択の自由は、工業化、都市化、軍事化とともに、明治政府に対する時代の要求であった。かくして、居住地と本籍地の完全分離という、世界に比類を見ない制度が発明されたのであった。

欧米諸国では、身分登録の単位が「イエ（家族）」ではなく、個人である。それぞれの身分事項発生地において、一人一人に出生証書、婚姻証書、死亡証書などが作成される。フランスの家族手帳やドイツの家族簿にも、親族的身分関係が世代をこえて登記される「戸籍」の観念はない。排外主義的な戸籍制度がある限り、日本社会は在日外国人を、同じ地域住民として受け入れることは困難であるだろう（中村尚司、同上書）。

運動の過程で、司法修習生や弁護士制度の沿革、在日朝鮮人の法的地位について、様々な角度から調査研究を進めてみると、司法試験は外国人でも受験でき、弁護士法においても外国人は排除されていなかった。当然ながら「国籍要件」を定めた法令は全く見当たらない。ところが奇妙なことに、その中間にある司法修習には、日本国籍が必要だと明記されていた。「司法修習生採用選考要項」をみると、「欠格事由」の冒頭に「日本国籍を有しない者」とあった。金は司法修習生の採用を司法研修所に

毎年8月、仏歯を象の上に乗せて練り歩くエサラ・ペラヘラ（ペラヘラ巡行祭）は、スリランカを代表する祭りである。スリランカ中部、キャンディにある釈迦の歯をまつる仏歯寺は、スリランカ仏教徒の信仰の中心で、スリランカ首相も就任後、この寺に参る。仏歯は四世紀頃に、インドからもたらされたとされ、やがて王権の象徴とみなされるようになった。

申し込んだが、最高裁判所（司法研修所は最高裁に属している）は、この「欠格事由」を根拠に日本への帰化を採用条件として持ち出してきたのである。田中宏や中村らは、金敬得を支持する六次にわたる「意見書」を提出し、最高裁に再考を促した。

結局、最高裁判所は、一九七七年三月、金敬得を「予定通り」司法修習生とするとの最終判断を下した。「憲法の番人」といわれている最高裁判所が、安易に「国籍」による制限を認め、批判を受けると、あっけなく前言を翻したのだから、これでは法治主義も何もあったものではない。

翌年、最高裁は欠格事由「日本国籍を有しない者」に（最高裁判所が相当と認めたものは除く）という、但し書きをつけ加えた。二〇〇九年に国籍要件そのものが撤廃されたが、最高裁はその理由を明らかにしていない（田中宏『在日外国人　第三版』）。

徳司が二歳になったころ、中村の家族三人はスリランカで暮らすことになった。インドネシアのウジュンパンダンで生まれた禮子は、幼い頃から発展途上国と日本の間に平和の橋を架けるような、仕事をしたいという希望を持っていた。幸い国際協力事業団（現・国際協力機構）に就職できたことから、そんな夢の実現に一歩近づいたという感慨があった。もちろん、スリランカに行くことはうれしかったのだが、仕事を辞めなくてはならないと思うと、寂しさで胸がいっぱいになってきた。

一九七九年三月、禮子と徳司は、一足先にスリランカ農業問題研究所員として、貯水灌漑システムを調査していた中村のもとへと旅立った。コロンボでは、高級住宅地に建つ洋館の二階を間借りし、約二年間暮らした。

アジ研から支給されていた滞在費は、実際の家賃よりも額が多かった。しかし相場を反映せぬ高い

ペラヘラ祭。徳司がヴィジャラトナ法務大臣（当時）宅で飼う象に乗せてもらった。
大臣の家系は元々キャンディ王国の貴族で、仏舎利を守護していた（仏歯の管理人）

家賃を払ってしまうと、周囲の賃貸価格に悪影響を及ぼす可能性がある。中村は半額を返金すると申し出たが、アジ研は手続きが煩雑になると難色を示し、しばらく交渉が難航した。だが結局、要求通りに滞在費は減額されることになった。

スリランカでの生活は、禮子にとって見るもの聞くものすべてが珍しく、カルチャーショックの連続であった。シンハラ語の勉強にも熱心に取り組み、次第に上達していった。

スリランカではカレーが日常食だが、最初はよかったものの次第に禮子は胃に不調を感じるようになってきた。しかし中村は、カレーの方が和食より体に合うというし、徳司も嫌だとは言わない。そこで中村が九

家族でスリランカに滞在中の1981年、インド洋上の環礁諸島からなるモルディブに行った。漁業と観光業が代表的産業で,現地で生産されるモルディブ・フィッシュ（かつお節）は非常に有名である。かつお節は、スリランカカレーに欠かせぬ食材。モルディブは約1200のサンゴ礁に囲まれた群島からなるが、海抜の低い平坦な地形は近年の気候変動による海水面の上昇で、深刻な危機に瀕している。

月から半年間南インドの農村調査にいくタイミングで、お手伝いさんに簡単な日本料理を覚えてもらい、食事を和食に切り替えることにした。すると、胃腸の重苦しさはなくなった。おそらく香辛料に拒絶反応を起こしていたのかもしれない。ところが、中村がインドから帰ってくるころには、カレーが恋しくなってきたから、不思議なものである。

一口にカレーといっても、種類は千差万別である。スリランカカレーの特徴は、ココナツミルクを具の中に入れ煮込むことである。カレーの具材の種類は、多ければ多いほどごちそうになる。来客用には、肉や魚、野菜など数種類のカレーが並ぶ。付け合わせもいろいろある。香辛料、かつおぶし（モルディブで作っており、スリランカ人の食卓に欠かせない）、干しエビを油でいためたサンボールはポピュラーである。漬物もよく食べる。アチャールと呼ばれる、らっきょうに似た小玉ねぎの酢漬けは禮子の好物であった。

カレーといえば米であるが、スリランカで作られているのはすべてインディカ米であった。炊き上がりがさらっとしていて、ベタつかない。なかでも「サンバ」という高級品種は、小粒で白くまん丸で、日本人の眼からすると非常に珍しい種類に見える。スリランカ人は、籾を煮てから、乾燥させたものを精米するパーボイルド米を好む。後に禮子は、パーボイルド米の作り方を教えてもらったが、非常に手間がかかるので驚いた（中村禮子『わたしのスリランカ』）。

中村がスリランカ農業問題研究所に在籍中、生涯の付き合いとなる人物との出会いがあった。ある時、研究所に中村を訪ねてきた人がいた。当時ペラデニヤ大学で教えていた、経済学者のW・D・ラクシュマンであった。後に、コロンボ大学に移り、やがて同大学の学長にもなる、著名な研究者であ

ノーマン・アップホフ夫妻と中村夫妻。1999年夏、龍谷大学大学院経済学研究科での集中講義に来たアップホフに、奥飛騨温泉郷の平湯温泉に招待された。この温泉は、アップホフのお気に入りであった。

る。スリランカはイギリス植民地時代の伝統が固定化しているが、新しい方法論が必要だと、ラクシュマンは考えていた。そこで日本に留学したいと、中村に相談にきたのであった。

ラクシュマンは、コロンボ大大学院に日本研究学科を設置するなど、日本との学術交流を推進してきた。一九九九年には、龍谷大学特任教授に就任し、二〇〇一年三月までの二年間、経済学部大学院で開発経済学を教えた。二〇二二年には、スリランカ中央銀行総裁を務めるなど、いまも現役で活躍している。また同年、長年にわたるスリランカと日本との交流に尽力した功績が認められ、日本政府

左からピーリス、中村と徳司、ドライバーのスニル。マスケリヤの茶園で。1981年

から旭日中綬章を授与されている。

中村と同時期にスリランカ農業問題研究所の研究員だったのが、コーネル大学で国際開発論を教えるノーマン・アップホフであった。一緒に農村調査をしたが、後年中村が提唱する民際学に通じる考え方をもっていたので、意気投合した。アップホフは、マダガスカルで生み出されたSRIと呼ばれる、環境にやさしい水稲の多収栽培技術に着目したことでも知られている。

その頃、中村は農村調査に行くと、村人から「奥さんや子どもは」とよく聞かれた。そこで調査先のプドゥクラマに家族みんなで行ってみることにした。その村は、スリランカ仏教の発祥地である、アヌラーダプラ県のミヒンターレから東へ一〇キロほど入ったところにある。ド

ピーリスさんの自宅にて。左から、禮子、ピーリス夫妻、中村

ライ・ゾーン（乾燥地帯）で、降雨は一〇月から翌年の一月にかけて吹く北東モンスーン（季節風）によって、もたらされるのみである。

親子で溜池を見に行き、中村は徳司に「石を投げてみたら」と、声をかけてみた。さっそく投げ入れてみると、魚が跳ね上がり、びっくりした様子だった。溜池には、貴重なたんぱく源である「ルーラ」という魚がたくさんいた（中村禮子、同上書）。

アヌラーダプラ県は、ランカ島の北部平原の中央に位置する、北部中央州に属する。その州都（県都）であるアヌラーダプラ市は、スリランカ最古の王都として、古代シンハラ文明の中心地でもあった。この島に伝わる年代記によれば、ライオンの子孫である北イ

ンドの王子ヴィジャヤが、七〇〇人の部下とともに来島し、シンハラ王朝の礎をきずいたのは、紀元前四八三年であった。（中略）

古代シンハラ文明の経済的な基礎は、貯水池灌漑による農業の発展である。（中略）スリランカ第二の流域面積をもつアルヴィ川と、第三のカラー川との隣接する二つの水系の開発がすすめられ、灌漑農業の基盤がきずかれた。この二つの水系をつなぐ水路も建設され、七世紀前半には王都アヌラーダプラを中心とする大灌漑システムの骨格が、ほぼ完成したといわれている。

その後、王都はスリランカ第一の大河マハーヴェリ川の流域における灌漑システムの中心地である、ポロンナルワに移った。古代スリランカの灌漑農業は、アヌラーダプラ（カラー川―アルヴィ川水系）とポロンナルワ（マハーヴェリ川水系）とを中核とする、二大灌漑システムを支柱として発展したが、この他に小規模な村落単位の貯水池や水路が、在地の農民の共同労働によって建設された。（中略）

二大灌漑システムも小規模な水利施設とともに、一三世紀を画期として決壊したり、あるいは維持管理が行われることなく放棄されたりして、ドライ・ゾーンの灌漑農業は崩壊してゆく。そして、シンハラ農民は徐々に、南西部のウエット・ゾーンへと移住して行き、そのあとに押し寄せてきたジャングルが、長年月を要した過去の労働の成果を呑み込んでしまったのである。

（中村尚司『スリランカ水利研究序説』）

禮子が、村を見て回っていると、周囲の草木が真っ黒に焼けている場所があった。焼畑をしているようである。陸稲、とうもろこし、シコクビエ、とうがらし、からしな等の混作が行われているという。五年が経って地力が衰えると、別の場所に移動する。もともと、不安定な降水量のため、水稲が

1981年、中村のスリランカにおける貯水灌漑システムの調査が終わりに近づいたころ、ピーリスさんはベララパナートゥラにある自分の茶園を案内してくれた。それ以外にも、T.P. グナワルダナ（お茶公団専務理事）が中村たちを、ヌワラ・エリア（スリランカ中部）にある彼の茶園に招待してくれた。同地は茶の栽培で非常に有名である。写真はその茶畑の様子。前列左から徳司、中村、T.P. グナワルダナの息子チャンディマ。

T.P.グナワルダナが所有する、2000エーカー（約8ヘクタール）はある広大な茶園。

不作の時に、代用の農産物を供給するのが、この焼畑の主な役割であった（中村尚司、同上書）。

なにより感心したのが、村の子どもたちがよく働くことであった。朝早くから、家事の手伝いなど一所懸命に働いている。子どもたちのそんな姿が、禮子に強い印象を残した。

八一年になり、いよいよ日本へ帰国する日が近づいてきた。そんなとき、紅茶の農園を見学する機会が巡ってきた。七九年に、中村が半年間インド調査で不在だった時に、禮子や徳司たちになにくれとなく気をつかってくれたのが、コロンボの住居近くに住む日本語の堪能なピーリスさんだった。彼は茶園の経営者であった。毎日のように、家族の誰かが立ち寄り、茶園でとれるパパイヤやマン

T.P. グナワルダナの茶工場を見学。左からアソーカー・グナワルダナ夫人、息子のチャンディマ、徳司、中村、T.P. グナワルダナ、工場長、1981年５月

ゴー、ドリアンなど、日本人にとっては非常に珍しい果物を届けてくれた。

スリランカの西南端に、かつてポルトガルの植民地時代に貿易港として栄えたゴールがある。そこから内陸部へ車で三時間ほど入った、ベララパナートゥラというところに、ピーリスさんの紅茶工場があった。近くにある彼の茶園から、毎日この工場に茶葉が運び込まれる。禮子は、ここで紅茶づくりの一部始終を見学することができた。

摘んだばかりの茶葉を、二階の作業場に運び入れる。乾燥機で水分をある程度蒸発させてから、茶葉を階下に落とす。一階は揉捻工程であった。この工程で葉は柔らかくもまれ、よられていく。次に醗酵させるわけだが、この時の湿気および、最後の乾燥で紅茶の質が決まってしまう。普段飲んでいる紅茶が、どのように作られているのかを、詳しく教えてもらったことは、禮子にとって得難い経験となった（中村禮子『わたしのスリランカ』）。

一九八一年五月、農業問題研究所における二年間の任期を終えた中村は、家族とともにスリランカを離れた。復路は、文献調査のために、欧米を経由して日本に戻ることにした。途中、ギリシャに立ち寄った際には、パルテノン神殿などの古代遺跡を巡った。フランスのパリではルーブル美術館に行くが、その際近くでスリ被害にあった。

次にロンドンに移動し、India Office Library で植民地時代以前の史料を探すために二か月間滞在する。最初に、ロンドン大学の森嶋通夫教授を訪ねた。師の玉野井芳郎から、森嶋に本を渡してほしいと託されていたからであった。森嶋は、ノーベル経済学賞の候補にも名前が挙がる、著名な経済学者である。中村はロンドン滞在中の身元保証人になってほしいと森嶋に頼み、快諾してもらった。どのように過ごしているか、中村は毎週森嶋に連絡し、入管からの問い合わせの有無についても確認した。

ロンドンで暮らしたのは、家具など一式が据付けられたウィークリーマンションである。家財道具がすべて用意されていたので、すぐに生活ができ助かった。仕事以外の時間に、大英博物館はもちろん、オペラハウス等の劇場なども見て回ることができた。

ロンドンでの調査を終えたあと、コーネル大学で教えるノーマン・アップホフ教授を訪ねるために、ニューヨークに渡った。中村は、彼の学生たちに「過剰開発論」の講義を行った。この時、ナイアガラ大瀑布をアメリカ側とカナダ側の両方から見物することができたのは、非常によい思い出である。

第五章　生命系の経済学

玉野井芳郎（一九一八―一九八五）は、生命系を重視する「広義の経済学」を提唱した経済学者である。マルクス経済学や近代経済学は、生産力に注目するものの、そこから排出される廃棄物の問題には目を向けてこなかった。しかし高度経済成長に伴い深刻化してきた、環境やエネルギーの問題を経済学も真剣に扱わなければならない。玉野井は従来の「狭義の経済学」に限界を感じ、生産や生産力のネガである廃物の問題を、エントロピー概念を使い、表出させようと考えるようになった。そうして「生命系の経済学」の理論化に傾注していくことになったのであった。

玉野井は、一九一八年山口県柳井町（現・柳井市）に、西日本各地に板ガラスを卸す、玉野井ガラス商店の長男として生まれた。いずれ家業を継ぐべく山口高等商業学校に入学したが、そこで哲学を教えていた滝沢克己の薫陶を受け、学問の魅力に開眼する。

滝沢は、第一高等学校から東京帝国大学法学部に進学したものの、エリート官吏ではなく、学問の道を選び、九州帝国大学の哲学科に移った。ドイツ留学から帰ってから、山口高商に赴任したばかりであった。

学問に対する滝沢の真摯な姿勢を目の当たりにして、玉野井は商売に通じる実学よりも、事物の原理原則を深く思索する道に、大いなる魅力を感じるようになった。そして、当時高等商業学校からの進学を認める数少ない帝国大学であった、東北帝国大学法文学部に進む。そこで宇野弘蔵に出会い、日本のマルクス経済学においても、極めて特異な位置を占める宇野経済学を学ぶことになる。そして一九五一年、駒場に新設された東京大学教養学部の助教授に任命され、一九六〇年には教授になっている（中村尚司「等身大の学問への歩み」）。

中村尚司と玉野井との出会いは、一九七五年に遡る。中村がインドやスリランカで行った三年半にわたる調査を纏めた最初の著書『共同体の経済構造』を、玉野井が読んだことがきっかけである。同書に感銘を受けた玉野井が、ある日中村の勤務先であるアジア経済研究所を訪ねてきた。そして「天動説の経済学を勉強しないか」と誘われた。

コペルニクスが唱え、ケプラーやガリレオが支持した、地球が太陽の周りを回転しているとする地動説が、現代の私たちにとっての常識である。いっぽう、地球が宇宙の中心に静止し、太陽が周囲を回っているとする天動説は、人びとの実感に根差した宇宙観だと言えた。しかし両説は、一対一に対応しており、一方を否定すれば、もう一方も成り立たなくなる。単に座標変換の違いなのだが、あえて天動説を持ち出す玉野井には、次のような意図があった。

「われわれ生物の住む物的球体には生命システムが存在する。そして地球上の生物の生活に妥当する空間は、朝、東から太陽が昇って夕に西に没する天動の世界なのである」（玉野井芳郎『エコノミーとエコロジー』)

玉野井が強調するのは、狭義の経済学が研究対象にした、市場経済や商品経済は、本来人間の生活にとり、外的な性質を持つものだということであった。これらをいくら普遍化し一般化しても、外的性質であることに変わりはない。分析者は社会システムの構成者でありながら、内部から問題を見ることができない。常に外部から、それら社会システムを認識する以外にない。

しかし私たちが生きる世界は、植物や動物、微生物が共通の土壌環境を媒介にして、共存関係を結んでいる。このような生命の世界が、地動説という認識では忘れられてしまうのではないか。玉野井の志向する生命系に基礎づけられた「広義の経済学」においては、地動説の中に、天動の世界を整合的に再構成する体系でなければならない。そう考えた玉野井は、開かれた共同体の経済学を構築する道を、模索していたのであった。

玉野井の来訪をきっかけに、アジ研で定期的に勉強会を開くことになった。名称は「天動研究会」である。メンバーは、玉野井、中村に加えて、槌田敦(当時理化学研究所)、室田武(当時國學院大學)の四人であった。

槌田敦は、独自の水循環論を提示した物理学者である。地球が「生きている系」である根拠を、物質の不均一性のもとで、定常流の循環が進行し、エントロピーを系外に捨てる機構であることを明らかにした。

従来「地球は生きている」と表現されることはよくあったが、あくまで詩的な比喩として用いられるものだった。しかし槌田が発表したエントロピー論により、その比喩に科学的な根拠が与えられることになった。
地球が生きているのは、定常的な水圏の流れを持っているからである。竜巻や洪水のような変化を含みながら、液相と気相のサイクルは維持されている。その過程で、廃熱は水蒸気の分子振動により宇宙空間に赤外線放射され、地球が熱地獄になるのを防ぎ、延命を可能にしている。もしも太陽熱で温められるだけで、そこに物質やエネルギーの流れがなければ、熱平衡の世界、すなわち地球は死んだ星になる。槌田は、エントロピーという物理量を用いて、定常開放系として地球が生きている意義を明らかにした。

室田武は、原子力発電の不経済性を、エネルギーコストから理論的に明らかにした学者で、反原発運動の理論的支柱の一人であった。槌田のエントロピー論に影響を受け、新しい経済学を模索していた。

玉野井からすると、他の三人は二回り近く年少である。彼らのような新進気鋭の研究者に触発された玉野井の感度、新しい学問の潮流にアンテナを張り、自分の考えに固執することなく常に更新していこうとする柔軟性が、天動研究会、そして新たな展開を生みだしていく。

中村にとって、槌田や室田は初対面ではなかった。槌田とは、お互い職場の労働組合委員長をしていた関係で、面識があった。室田とも、大竹財団で英文ニュースレター「HUMAN」を作っているときに、会っていた。

天動研究会と並行するように、理化学研究所では豊田利幸《とよだ》(名古屋大学)や槌田の共同企画で「物理学者の見たエネルギー問題」というシンポジウムを開催し、玉野井も協力した。その結果、エントロピー論は、物理学者と経済学者の共同作業として、日本国内に定着していく。やがて、福井正雄（明治大学）と玉野井の提起により、一九八三年九月にエントロピー学会が設立されることになった（槌田敦「玉野井先生とエントロピー」）。

同時期に中村は、新しい広義の経済学を構築しようと目指す、アメリカの経済学者H・E・デイリーが来日した際に、彼を玉野井に紹介している。これをきっかけに、駒場の玉野井研究室を頻繁に訪ねるようになった。行くたびに、南アジア諸国での農村調査体験から、近代工業を生んだ用具の改良や市場の商品交換とは別に、多様な過去の労働の蓄積形態や交換様式がありうることを、玉野井に強調した。中村は、共同体における、人間同士の関係性に大きな意味を見出しており、それが広義の経済学を構築するうえにおいても、重要であると考えていたのだった。

定期的に「天動研究会」を開いていたが、後に同じく玉野井が世話人を務める「地域主義研究集談会」に合流することになった。この「集談会」は玉野井が学陽書房で主宰していた研究会で、玉野井に加えて、増田四郎（一橋大学学長）、古島敏雄（東京大学）、河野《かわの》健二（京都大学人文科学研究所）、清成忠男（法政大学）の五人が世話人となり、一九七六年一一月に発足していた。ここに鶴見和子（上智大学国際関係研究所）も加わり、事務局には樺山紘一（東京大学）、中兼《なかがね》和津次《かつじ》（一橋大学・東京大学）とともに、中村が携わることになった。

「集談会」による問題提起の試みをまとめた、『地域主義』（学陽書房）のはしがきで、「地域」概念を次のように規定している。

「人間だけでなく、人間以外の動物・植物・微生物をも含めた生命の維持と再生産を可能にする、自立した生活空間の単位である」そして「〈地域〉は、他の世界から切り離された孤立系として自存する単位ではない」「逆説的ではあるが、〈地域〉は自立しようとすればするほど、それぞれの〈地域〉が部分であると同時に全体であり、中心でありうるような結合様式をめざさざるをえないのである」と、地域という概念の多様で、捉えどころのなさを持て余しながらも、その思想的な重要性を強調する立場であることについては、変わるところがないと表明している。

「集談会」には、近代という時代が地域の生命力を枯渇させ、公権力の単なる行政区分に貶めてしまったという認識があった。その一方で、自己増殖機構を具備する「近代国家」や「市場社会」の力を強化し、人びとを管理し、支配する方向に邁進してきたという、現状認識があった。玉野井は生命系の経済学を具現化する場として、地域の経済的自立を目指す知識人の運動を「集談会」に託そうとしたのであった。

「地域主義」を深めていこうとすると、デカルトとともに始まる自然と社会の二分法は成り立たなくなる。認識主体と認識対象との、相互関係を扱わねばならなくなるからである。地域においては、主体と対象の濃密な関係が多様な連関性を持っており、フローの生産物だけを基準に経済活動を測定することができないからだ。ここには、後に中村が提唱する民際学に繋がる、関係性の学問運動の萌芽があった（中村尚司「日本における生命系の経済学」）。

とはいえ長く地域研究に携わってきた中村にとり、概念としての地域は難物であった。地域という言葉は、私たちにとりあまりに自明で、茫漠としている。「地域主義研究集談会」といっても、人びとの関心を引き付ける結集力に欠けるのではないか。単なる雑談会にならないかと、中村は危惧していた。

神田の学士会館で開かれた「集談会」最初の準備会席上で、地理学出身の岩田慶治（文化人類学者、国立民族学博物館名誉教授）が、いかに地域概念に悩みぬいたかという話をし、中村はそれを非常に印象深く聞いたことを覚えている。

玉野井先生の考えは明解であった。地域は民衆の生活の本拠である。しかし、人々を集権的な国家体制に統合する作用が強力な近代社会では、地域は無視されがちであり、近代の学問体系の対象外におかれがちである。したがって、地域に学問的な規定を与え、内容をもり込むのは、これからの課題である。中央集権体制に支えられている市場システムや計画システムとは、別個の経済システムを構築する課題と重なっている。地域主義は近代批判の思潮とならなければならない、というのである。

（中村尚司「玉野井先生がめざした地域主義」）

地域主義という問題意識は、近代に固有の社会関係のあり方に、全面的な再検討を加え、方向転換を促す、重大な問題の所在を示していると、やがて中村は実感するようになっていた。

一九七七年秋、『地域主義』の編集作業を進めていた時に、青森で「集談会」の大会が開催された。会が終わってから、中村たちは竜飛岬まで足を延ばし、青函トンネルの工事現場を見学した。地底から地上に上がったところで、玉野井は「中村君、沖縄に転職しようと思うがどうだろうか。少し考えてみてほしい」と呟いた。

帰りは夜行列車で上野駅まで、同行する予定だったので、詳しい説明をゆっくり聞くことができた。現場主義の調査マンである中村にとって、玉野井の沖縄行きは非常にうれしく、地域主義の内実を豊かにする最善の道であるように思われた。中村は、「沖縄で先生の助手を勤めるなり、代理人として東京で働くなど、玉野井先生の希望通りに何でもします」と伝えた。

東京大学定年後の一九七八年四月、玉野井は沖縄国際大学に赴任することになった。それまで東大での研究生活が、あくまで書斎人そのものであったのが嘘のように、沖縄で暮らし始めると、いきいきと活動領域を大学の外へと広げ始めた。同年七月にはさっそく世話人の一人として、沖縄「地域主義集談会」を立ち上げた。また八重山でのシマおこし交流会にも積極的に関わった。

いっぽう中村は、一九七九年三月から二年半、スリランカの農業問題研究所の客員研究員として、海外生活に出ることになり、当初の約束通りに玉野井のサポートを続けることはできなくなった。しかし、一時帰国した際には、玉野井の暮らす、宜野湾市の自宅を訪ね、沖縄での充実した暮らしぶりを目の当たりにすることができた。

反対に、玉野井のほうから、中村のいるスリランカを訪問し、ため池灌漑地帯や紅茶のプランテーション地帯の調査旅行をした。このころ玉野井は、イヴァン・イリイチやニコラス・ジョージェスク＝レーゲンらとの交流をきっかけに、稀少性の根拠を問う社会史や熱学エントロピーの経済学的な考察を深めることに注力していた。そうした視点から、地域主義を一層精緻に理論化することに精力を傾けていたのだった。

もともと玉野井が心酔した宇野経済学は、狭義のマルクス経済学における原点論の精華ともいえるものである。そこから広義の経済学に踏み出すきっかけとなったのが、ポランニーの『大転換』という書物であった。東大教養学部における玉野井ゼミの大学院生だった公文《くもん》俊平（東京大学）が、インディアナ大学留学中にポランニーの仕事に注目し、玉野井に紹介したことがきっかけである。公文の示唆を取り入れ、玉野井は真正面からポランニーの書物に向き合った。これを機に、玉野井はマルクス経済学や近代経済学という、狭義の経済学から自らを解き放ち、広義の経済学という大海原に乗り出したのである。

そんな広義の経済学に、沖縄での生活が具体性を与えていた。沖縄において農業や水利などを実地に調査したことで、生命系の世界が土と水を母体としていることを実感した。人間と自然の共生は、低エントロピーの定常開放系を基礎としている。無限に更新可能なエネルギー源の根拠も、この世界をおいてないと確信を深めた。

沖縄でフィールドワークを重ねながら、玉野井は農が陸地の範囲に限定されていては、地域主義が完結しないと考えるようになった。そうした問題意識から書いたのが、「コモンズとしての海」(『コモンズの海』所収)という論考である。

沖縄の海には、浜辺からリーフに至るまでの間の独特の空間がある。これは歴史的には、部落の海とか村の海とか呼ばれてきたものである。村のひとたちは、この海を利用して、そこで魚や貝などを採って、日常の暮らしの足しにしてきた。こういう独特の空間があるということが、本土の海と大きく違う特色だと思う。

沖縄の海には、浜辺からリーフの間に、珊瑚礁とともに広がる潮間帯がある。沖縄では「イノー」とか、古い言葉では「海方切《うみほうぎり》」と呼んでいたが、ここはウミンチュといわれる専業漁業者ではなく、そこに暮らす村人、いわば半農半漁の人達が利用する空間であった。大地だけでなく、海もまた生命

辺野古イノーに生息するハマサンゴ（2014年）。名護市辺野古・大浦湾一帯は、2019年10月、日本初の「ホープ・スポット（Hope Spot: 希望の海）」に認定された。「ホープ・スポット」とは、アメリカの環境NGO「ミッション・ブルー」が世界的に重要な海として保護すべきと認定した海域である。2024年10月時点で世界の165ヶ所がホープ・スポットとして認定、登録されている。
ホープ・スポットに認定された海域の辺野古沿岸には、ジュゴンやウミガメのえさ場となる173haもの海草藻場が存在していた。しかし辺野古新基地建設のための埋立てにより、現在はそのうち約40haが消滅している。大浦湾の埋立ても政府は強行しているが、そこには近年まで北限とされた（2020年、奄美群島の喜界島でアオサンゴ群生発見、北限が更新された）アオサンゴ群生が存在するほか、5300種を超える生物が生息し、そのうち262種は絶滅危惧種である。さらに新種や日本初記録種も最近になり確認されており、まだまだ新種などが発見される可能性を秘めた重要な海域である。
この5300種以上の生物が生息し、新種発見の可能性が限りなく高い辺野古・大浦湾一帯は、海洋保護区にもっとも相応しい場所である。2024年10月時点で認定されている165ヶ所のホープ・スポットの総面積は57577.967km²、地球全体の海域の約16％にあたる。ミッション・ブルーは、2030年までに地球全体の海域の30％をホープ・スポットに認定し保護するという目標を掲げている。世界が認めた豊穣な海を潰して新たな米軍基地を造ることは、環境面の損失のみならず、沖縄人の平和に暮らす権利をも脅かす。また日本政府にとって膨大な経済負担も生じる。　（撮影・文＝豊里友行）

を育み、人間の暮らしや社会関係を豊かにしてきた。玉野井はそんな地先の海を、〈海のコモンズ〉として捉え、地域主義に一層の具体性を与えるために、新たな研究会を立ち上げたいと考えるようになった。

最初の「地域主義研究集談会」研究会で『地域主義』（一九七八年）、二度目には『いのちと農の論理』（一九八四年）として、その成果が出版されている。それと同様に、三回目の研究会の場も、前二回と同じく学陽書房で提供してもらえることになった。研究会の企画や調整に労をとったのは、学陽書房の編集者の大江正章（のちに出版社コモンズ代表）である。

一九八〇年頃、明治学院大学に国際学部ならびに平和研究所を新設する構想が持ち上がり、玉野井に教授就任の要請があった。生態系や環境問題を視野に入れた経済学を講義してもらいたいと考える大学側からすると、「生命系の経済学」を提唱する玉野井はうってつけの人選であった。この話を、玉野井も前向きにとらえた。明治学院大学の新学部準備委員会には、玉野井の名代として中村が加わり、学部のカリキュラムづくりなど積極的に構想を練った。同時に中村も、玉野井とともに、明学大に着任する話が進んでいた。

一九八五年四月、玉野井は七年間の沖縄生活を終え、明治学院大学教授（国際学部協議会として発足。国際学部は八六年に創設）として本土に戻ることになる。

玉野井の沖縄国際大学における在任期間は、七年と決して長いとはいえない。しかし確かな足跡と、強い印象を沖縄の人びとに残している。例えば「平和をつくる百人委員会」の呼びかけ人の一人となり、米軍基地や核兵器の問題を取り上げ、積極的に発言したことである。玉野井が志向する、広義の経済学は「生命」を重視する。定常流の循環とともに、エントロピーを系外に捨てる機構を重視することは、結局のところ生命を大切にすることが根幹にある。一方、基地や核は、生命に敵対するものである。玉野井は、生命を脅かす軍事力に対して、はっきりと異議申し立てをしたのである。

また一九八一年、玉野井の呼びかけで、沖縄県内の政治学・憲法研究者たちと自治体憲法を考える研究会がもたれるようになった。その成果として、平和への思いを鮮明に明示する「沖縄自治憲章」（案）もつくられている。作成の過程で、玉野井の果たした役割は大きく、彼の考えが色濃く反映された内容になったと考えられる。

前文を読むと、玉野井の沖縄に対する強い思いが、ひしひしと伝わってくる。

われわれは、沖縄に生きる住民、沖縄に生きる生活者として、自治、自立を目ざす理想および権利を有する。その理想および権利は、琉球弧の温帯的、亜熱帯的かつ島嶼的な絶妙の自然環境を背景に、〝守禮之邦〟に象徴される非暴力の伝統と平和的な地域交流の歴史とに、深く根ざすものである。

われわれは、第二次大戦下の沖縄戦において、軍民混在の国土戦とは、いかなるものであるかを身をもって体験した。それは、まさしく悲哭の一語につきるものであった。また、われわれは、戦後米軍の占領下に、人間としての自由と権利を拘束され、言い知れぬ苦難を経験した。

われわれの平和への希求は、かくて生まれるべくして生まれた。しかし、われわれが平和の実現を目ざす今日の世界は、自然生態系の荒廃と地球的、さらに宇宙的規模での核の脅威によって、重大な危機に瀕している。わが国の最南端にあって、現在巨大な米軍基地を抱えるここ沖縄において、この危機はきわめて深刻である。

2014年、名護市辺野古・大浦湾の海上基地建設に反対し、カヌーを漕ぎ出し抗議する。海上保安庁は全国から大型巡視船を辺野古に派遣。強力動力船であるゴムボード（GB）を駐留させ、「安全指導」の名目で抗議行動を監視し排除する。現在にいたるまでこの沖縄の新たな米軍基地建設への抵抗の声は、脈々と受け継がれる。
しかし国家による差別と暴虐に対する沖縄の抵抗をこの写真だけで語ることは、できない。何故ならば、この写真と言葉の間には、多くの歴史の一コマが省かれているからだ。その一部を駆け足だが言葉で記載したい。1995年９月、沖縄県内で３人の米軍人が小学生の少女を暴行する事件がおこった。米軍基地の重圧に苦しんできた沖縄の人々の怒りが爆発、８万5000人が集まり、基地の整理縮小・撤去を要求する県民大会が行われた。日米両政府は1996年４月、宜野湾市の住宅密集地にある米軍普天間飛行場の返還を発表。同年12月、代替施設として海上基地建設計画が浮上。移設先とされた、名護市にある小さな村・辺野古は、新たな基地の受け入れをめぐって賛成と反対に引き裂かれ、現在にいたってもこの問題に揺れ続けている。
はじめに辺野古のオジイオバアたちが、新たな基地建設への反対の声を上げた。その理由の一つには、沖縄戦で焦土と化したこの村で生きていくため海の生き物たちを捕って食料や生活の糧にしてきた歴史がある。この写真に写っていない歳月には、人類の叡智へのたゆまぬ努力を担ってきた多くの沖縄人の声がある。　（撮影・文＝豊里友行）

沖縄の戦後の歴史、とりわけ復帰運動および平和運動の歴史を踏まえて、日本国憲法および本憲章が定める権利を拡大、充実し、これを永く子孫に伝えることは、われわれ沖縄住民の責務である。ここにわれわれは、生命と自然の尊重の立場を宣明し、生存と平和を根幹とする「沖縄自治憲章」を制定して、年来の自治・自立の理想と目的の達成を心に誓う。

一九八五年、沖縄から本土に戻ったことをきっかけに、玉野井は「コモンズとしての海」という大きなテーマに取り組む決意を固めていた。新しい勉強会を始めようと、若い研究仲間にも呼びかけ、再び研究会を学陽書房で組織した。ここには、長年アジアの漁村を歩いてきた鶴見良行も加わることになる。

同年五月にあった第一回の勉強会は、学陽書房の会議室で開かれ、漁業権に詳しい熊本一規（明治学院大学）が報告した。東大で定年間近の玉野井から教えを受けた熊本は、共同漁業権の重要性を研究し、石垣島で計画されていた白保地区での空港建設反対運動の理論的根拠を提供していた。法社会学における総有概念を手掛かりにして、玉野井の仕事を受け継いでいたのだった。

六月に予定していた、第二回目の勉強会では、鶴見良行の報告を聞く予定だったが、玉野井が体調不良を訴え、入院したことから延期になってしまう。手術のあと、「今年は体力の回復に努めて、来年になったら勉強会を再開しよう」と話していた。しかし、そうした願いは叶わず、一〇月に再入院した後、玉野井は急逝してしまった。末期の肝臓ガンであった。

玉野井が、最後に呼びかけた勉強会「コモンズとしての海」は、彼の逝去後も続けられ、その成果は一九九五年に学陽書房から『コモンズの海』として出版されている。

一九八二年、玉野井の郷里山口県柳井市にほど近い、上関町《かみのせき》に原発計画が持ち上がる。玉野井はそれに対して明確に反対の意思を表明したが、地元の推進派住民からは、アカ呼ばわりされる始末であった。そのことに彼は胸を痛めた。

しかし玉野井が主唱する「生命系の経済学」の立場からすると、廃棄物の捨て場もなく、ひとたび事故が起これば、破滅的な事態が予想される原子力発電所は、とうてい受け入れ難い施設と言わざるを得なかった。

二〇一一年三月一一日に発生した東日本大震災は、東北地方を中心に甚大な被害をもたらした。直後に襲った大津波が、福島第一原発を直撃したことで、原子炉は非常用電源を喪失し、緊急炉心冷却装置が停止した。制御不能となった原子炉は、炉心溶融を引き起こし、水素爆発によって、大量の放射性物質が広範囲に放出された。その結果、半径二〇キロ圏内の住民に避難指示が出され、十万人以上が家を追われた。玉野井の危惧した原発事故による不可逆的な破局が、現実のものとなったのである。

未曾有の大惨事を受け、上関の原発計画もいったんは止まったかにみえた。ところが二〇二三年八月、反対派住民の間隙を突くように、使用済み核燃料の中間貯蔵施設建設計画が浮上する。喉元過ぎれば熱さを忘れるというが、福島第一原発事故から、私たちはいったい何を学んだのだろうか。

子どもの頃から、身近にあった瀬戸内の海に対する郷愁が、玉野井にはあったのだろう。原発計画は、そうした豊かな自然環境への深刻な脅威となる。玉野井が最晩年に、海のコモンズを強調するようになったきっかけは、沖縄の海と瀬戸内の地先に向ける眼差しとが、重なり合ったことが背景にあっ

論壇

原発は推進より後始末の時

情報不足のなかで選択を誤る地方

玉野井 芳郎

私は、生命系を重視する経済学者として、原子力発電の存在にかねて根本的な疑問をいだいてきた。原発のあり方をめぐって、二つの重要問題が急速に浮上してきている。にもかかわらず、対応する〝国〟の方針は明確さを欠き、〝地方〟はおそるべき情報不足のなかで、誤った選択を余儀なくされているのが実情だ。

第一は経済問題である。アメリカの原発産業が深刻な経営不振に陥ったと報じられた。ワシントン公営電力供給公社の二十二億五千万㌦にのぼる公債が、米公債史上最大といわれる債務不履行に陥った。TVAが建設、計画中の原発八基も中止に追いこまれているという。原発が市場経済圏で崩壊しつつあるのはアメリカだけではない。国有のフランス電力も、原子炉建設に伴う過大な借入金で、最悪の財政状態を現出している。

こうした大規模原発プロジェクトの最近の破局の原因は、周知のような電力需要の落ちこみと建設コストの高騰という世界共通の事情にある。わが国でも、八〇年代に入ってエネルギー国内需要の基調に構造的な変化が生じている。産業用の大口需要にドラスティックなまでの鈍化があらわれているのだ。「総合エネルギー調査会」は、昨年四月末にまとめたばかりの長期見通しにこのたび異例の改訂を加え、大幅な下方修正を見込んだ中間報告を、あわてて作成しようとしている。

にもかかわらず、例えば私の郷里に近い瀬戸内海沿岸の山口県上関町では、いまどき新規の原発立地をめぐり札束のあらしが、まさに吹こうとしている。何というひどい情報落差であろう。

第二は、数年前から私も機会あるごとに指摘している廃炉処理の問題である。放射性廃棄物を年々つくりだす原子炉は、三十年もたつと、原子炉自体が巨大な放射性廃棄物に変わる。炉内の鉄材は中性子で完全に放射化し、まさしく死の塔と化す。あと十数年もたてば、わが国でもそれが続々と出現する〝廃炉の時代〟が、確実に到来する。

こうした廃炉の処分については、「密閉管理」「遮へい隔離」「解体撤去」の諸方式があるが、原子力安全委員会はこのうち最後の方式をいきなり採るという。廃炉コストは建設コストと同じくらいかかる。そればかりか、百万㌔ワット原発を解体すると、出てくる鉄・コンクリートなどの固体廃棄物の量は数十万㌧に達するという。

気がかりなのは、だれがだれの責任で、こうした解体炉の原発ゴミのどれだけを、一般ゴミとして扱う〝裾切り〟の対象として決定するかである。安全委員会は、前二者の密閉・遮へい→解体という慎重な組み合わせ方式を避けて、なぜ即時解体の方式を採用しようとするのか。

われわれ国民の不安は限りなく大きい。原発は、生きとし生けるものの生命にかかわる廃棄物処理に関して、あまりにも未解決な問題をかかえすぎている。加えて深刻な市場のテストを避けて通れぬところまで来ている。

四月二十日、アメリカ連邦最高裁は、九判事全員一致の判断として、核廃棄物の安全な管理方法が確立されていない現状では、中央の決定を優先させることなく、地方の州政府が原発の新規建設を禁止するのは合法である、という注目すべき判決を下した。

〝地方の時代〟を迎えている今日、国の制度と法体系が異なるという理由だけで、この重大な先例の論拠そのものが無視されてはならない。

原発推進派の再考を望みたい。推進どころか、既設原発の後始末にこそ専念してもらいたい。せめてそれが、子や孫にたいしてとりうる現世代のぎりぎりの責任課題である。

（東京大学名誉教授・経済学 ＝投稿）

朝日新聞1983年8月23日付

たからではないのだろうか。

そんな思いから始まった勉強会「コモンズとしての海」の成果が、玉野井の存命中に実を結ぶ時間は残されていなかった。しかし後進の者たちに、その思いは確実に受け継がれている。中村尚司をはじめ、玉野井芳郎から教えを受けた多くの研究者たちは、「生命系の経済学」を継承し発展させてきた。

気候変動など、いま人類が直面する環境問題は極めて深刻である。一刻の猶予もない、危機的な状況と言える。いまにして感じるのは、玉野井が極めて早い段階で、こうした現在の苦境を予見していたのではないかということである。だが残念なことに、私たちは地球環境の先行きに、あまりに楽観的でありすぎた。

しかし、そんな時代だからこそ、玉野井が訴えた「生命系」を重視する思想を、再評価しなければならないのではないだろうか。没後四〇年を経て、玉野井芳郎が提唱した「生命系の経済学」は、いまこそ輝きを放つ時が訪れている。

第六章　田中宏と穂積五一（一）

田中宏は、在日外国人の処遇改善に長年奔走してきた、この分野におけるパイオニア的な研究者である。中村尚司にとって、田中は盟友ともいうべき存在で、半世紀を超える長い付き合いがある。一九七〇年五月、入管闘争におけるある象徴的な事件を契機に、田中との信頼関係はそれまで以上に深まった。

台湾からの留学生劉彩品《リュウツァイピン》は、東京大学大学院の博士課程で天文学を学んでいた。彼女は七〇年四月に、二年前に失効している台湾旅券で、在留期間の更新許可を受けたいと申請する。だが五月になって、許可事務のために、東京入管に出向いたところ、旅券を延長しなかった理由がはっきりしないとして、許可の証印を受けられなかった。

その後、劉は「中国人として、中華民国を拒否し、中華人民共和国を選ぶ」という、本当の理由を係官に告げた。これで旅券を申請しなかった理由がはっきりしたことから、許可証印が受けられると予想した。しかし、東京入管は、許可証印を与えず、旅券を申請しない理由を文書にして提出すること、その提出を待って法務本省において最終判断を下すとの通告を行い、決定はまたしても保留となった。劉は、全文二万五〇〇〇字にも及ぶ理由書を草し、その心情を述べたが、法務省はそれでもなかなか判断を出さなかった（田中宏『在日外国人　第三版』）。

同様の主張をした劉文卿《リュウブンケイ》や陳玉璽《チンギョクジ》などの先輩留学生が、台湾に送還されて死刑宣告を受けていたことからも、劉彩品にとってまさに生命を賭した行動であるといえるものであった。

当時はまだ、日中国交正常化以前で、日本は台湾と国交を結んでいた。中華人民共和国と日本の間に、正式に国交が樹立するのは、一九七二年九月に日中共同声明が調印されてからである。そんななかで、「中華人民共和国を選ぶ」と宣言するのは、台湾の国民党政府に対する反逆行為であり、こうした在日の反政府分子は特務機関員に拉致される危険性があった。そうした状況を危惧して、東京大学の天文学教室を中心に支援運動が始まり、他にいくつもの支援グループが立ち上がるなど、次第に大きな問題になっていった。

中村たちは、「友人の会」をつくり、交代で彼女の身辺警護に当たることになった。ちょうどスリランカ留学から帰国したばかりだった中村は、勤務先のアジア経済研究所が比較的時間の都合がつきやすい職場だったこともあり、彼女と行動を共にし、夜も板橋区のアパート隣室で泊まったりしていた。そうしたなかで、当時アジア文化会館において留学生の世話をしていた田中宏と親密になったのである。

その頃、田中は、戴国煇《タイコッキ》が主宰するアジ研のプロジェクトに参加していた。中村との接点は、そうしたところにもあった。中村は、劉彩品の件で打ち合わせをしようと誘われ、学生結婚してすでに子

私は"北京"を選ぶ

ビザが切れた中国人女子留学生

国府に旅券申請を 思想の自由与えて

法務省

劉さん

在留許可期限が切れた東京大学天文学教室の中国人女子留学生・劉彩品さんが、「国府のパスポートなしに、ビザを更新してほしい」と、法務省相手にがんばっている。「私は中華人民共和国を自分の国として選ぶ。それなのに、自分をあざむいて国府にパスポートを申請するわけにはいかない」というのだ。日本人の学者と結婚して二人の愛児をもうけた劉さんは、このままだと、強制退去処分も受けかねない。だが「日本に帰化したら」「無国籍にしたら」という友人たちの忠告に対して、劉さんはきっぱりいいきる。「私はあくまで中国人として生きたい」——と。

「子どもたちと別れねばならないかも…」
でも劉さんの表情は明るい＝東京・板橋のアパートで

劉さんは昭和十一年、台湾の嘉義県に生れた。内戦時代はまだ小学生で、高校生時代も「読まされるのは孔子、孟子ばかり、軍事訓練もやらされた」。父のツテで、私費留学生として来日したのは三十一年五月だった。

東大に入学して、理学部天文学科に進学。恒星天文学を専攻して修士、博士課程へと進んだ。四十年、同じ教室にいた木村博さん＝現在、東大教養学部助手＝と結ばれた。

情報統制のきびしい台湾から、自由な日本へ。木村さんとの結婚、長い滞日生活で、彼女の思想はガラリと変った。「向うでは、共産党は恐怖のイメージしかなかった。いまは違います。いろんなことがわかってきた」。ハクをつけて帰国し、エリートになるはずの劉さんは、「国府」より「中国」を選ぶ立場を、はっきりと歩み始めた。「わたしらが教えこまれた歴史が、うその物語をつなぎ合わせたものであることを知って、なぜ変ってはいけないのだろうか」。

この四月末、三年間のビザが切れた。ビザ更新には通常、母国の大使館発行のパスポートが必要。劉さんのパスポートは二年前に切れていた。「中華民国を拒否するという私の立場をごまかして、国府大使館にパスポートの申請はできない。今までもらってきた私は間違っていた」。劉さんはパスポートなしで、在留期間更新申請書を法務省に提出した。

同じころ、南ベトナムからの留学生十四人が、パスポートの更新ができないまま、一年間の在留許可を得たケースもあったし、当時は簡単にけりがつくと思っていたらしい。

「どうか私に思想信条の自由を与えて下さい。二人の子を立派な人間に育てられるように、私は正直な母親でありたい」——三万字にのぼるパスポート拒否の「理由書」も提出した。が、法務省はあくまで旅券提出を要求する。「人道的には出したいが、このまま認めると入管行政全体への波紋が大きい。さらに外交上の問題になっては法務省レベルを越える」と、今のところは強硬な態度を変えていない。

「困っているのは、劉さんじゃなくてこっちですよ」と法務省入国管理局の樋爪資格審査課長は困惑の表情でいう。「大使館にいけば旅券はもらえる。どうしてもいやなら、日本人と結婚しているんだから、日本国籍をとるか、無国籍にしちゃえばいいんだ。外国に居住しているんだから分限、分際をわきまえてもらわねば……」。

「このままでは強制送還されてしまう。劉さんを救おう」と、東大の大学院の仲間たちが、支援運動に乗出した。集会、東大各学部自治会での決議、署名運動。さらに学外の市民運動グループへと、支援の輪はひろがりつつある。

「帰化せよ」とは無責任

「女性でしょう。帰化してしまえばいいのに」「ともかく大使館に行ったら……」。ともすれば支援の仲間からも、こんなニュアンスのことばが出たりする。と、劉さんは猛烈に怒りだす。「みんな本当にわかってはいないのよ。大使館にいかないのだって、私の立場が"内戦時代"にもどっているのだから当然のこと。私は民族主義者。ただ民族的な誇りを持っているというだけでなく、日本人に対する批判もあるの。日本人はかんたんに国を捨ててしまう」。

× ×

劉さん一家は、東上線上板橋駅に近いアパートに住んでいる。表札に「木村、劉」とあった。拓時ちゃん(二)耕時ちゃん(九カ月)。日本国籍をもつ二人の子どもたちは、ママの困難な状況も知らぬげに、無心に遊んでいた。

朝日新聞1970年7月10日付

どももいた、田中の暮らす足立区の低所得者向け公営住宅に泊まったこともあった。それ以来、幾度かの建て替え工事を経て、公営住宅はいまでは高層化しているが、田中は現在も同じところに住み続けている。もとは辺鄙な場所であったが、つくばエクスプレスの駅が近くにできたこともあり、最近は非常に便利になっている。

八月になって、法務省の最終案なるものが報道された。要点は、劉が中華民国大使館に〝縁切り状〟を出し、その写しを法務省が確認すれば、これ以上中華民国は旅券を交付しないものと認定して、〝在留は許可する〟というものだった。そして、これに沿って事が運ばなければ、期間更新は近いうちに不許可とする、との意向が示された。

劉は、やむなく八月一五日付で「絶縁書」を大使館に送付し、その写しを法務省に提出したのだが、法務省は約束に反して一向に許可を出そうとしなかった。こうした、さまざまな紆余曲折の末に、七〇年九月下旬になって、ようやく更新許可は下りたのであった。(田中宏、同上書)。

劉彩品の在留資格を勝ち取る運動の過程で、中村が驚いたのは、田中宏の活動スタイルであった。学生運動や労働運動を通じて見てきた、左翼活動家のそれとはまるで違っていた。デモや集会のような示威行為はほとんどしない。特定の党派に所属せず、イデオロギー論争とは無縁である。かつて左翼運動家が血道をあげた、観念的な路線をめぐる対立などにはまったく関心を持たず、なにより当事者を第一に考えて行動していた。

思えば、法の陥穽で、不遇をかこつ当事者にとって、イデオロギーをいくら説かれたところで、ほとんど意味のない話である。田中は、あくまで人間と人間との直接的で、全人格的な交わりを、行動の基礎においていた。党派とは無縁でありながら、積極的に活動する田中の存在は、中村にとり新鮮な驚きであり、その原動力を知りたいといつも思っていた。

田中は、住居や蓄財などに、全く関心を持たず、あらゆる贅沢とは無縁に生きている。車の免許も持たず、もっぱら移動は徒歩か自転車、あるいは公共交通機関である。よほどのことがない限り、タクシーに乗ることもない。

食事はけっして粗末にせず、出されたものは何ひとつ残さず食べる。幼少期に戦争を体験したことも、もちろんこうした折り目正しい価値観に、影響を与えているのだろう。しかしほとんどの同時代人は、そんな体験にさっさと別れを告げ、戦後の高度経済成長に酔いながら、豊かさと酒食に耽溺してしまった。

しかし彼が暮らし向きに全く頓着しないのは、単なる吝嗇《りんしょく》とはわけが違う。戦争や植民地支配で犠牲となった人たちが、人間としての尊厳を勝ち取るまでは、自らの身をやつす気持ちにはなれないのかもしれない（中村尚司「田中宏による民際学研究をめぐって」）。

このように田中は、日本人の多くが直視せずに来た戦争責任を、アジア人留学生など在日外国人の眼を通して自らも体感し、その著しい社会の矛盾や不条理を世の中に問い続けてきた。軽佻浮薄で、言いようもなく醜悪な日本人の姿を、自らの行動を通して浮き彫りにしてきたともいえよう。

一九三七年二月九日、田中宏は父源三（一九一〇―一九八三）と母英子《ひでこ》（一九一一―二〇〇八）との間に、一男三女の長男として、東京大学附属病院で生まれた。四三年四月に東京市滝野川区（現・東京都北区）滝野川第三国民学校初等科に入学するが、戦時色が濃厚になってきた翌四四年三月に、源三の故郷である岡山県に縁故疎開することになり、岡山県御津《みつ》郡馬屋上《まやがみ》国民学校に転入した。そこは典型的な農村地帯であり、周囲には田んぼや畑が広がり、田中の祖父母も農業を営んでいた。

源三は、岡山県の師範学校を出て、当初は岡山市内の小学校で教員をしていた。だが人の勧めもあって東京の小学校で教えることになる。そのかたわら中央大学の夜学でも学んだ。田中が岡山に縁故疎開した時、浅草の金竜国民学校で教えていた源三は、学童疎開のために生徒たちを長野県に引率していった。

田中が東京で国民学校に入学した時、源三は商売人の多い浅草で教員をしていたことから、保護者

父・田中源三。教育者、社会運動家として強靱な意志を貫いた。1980年６月19日、70歳の記念写真（田中宏提供）

から長男出生のお祝いにランドセルや革靴をもらったりしていた。かつては、教師に尊敬の念を持つ親は多く、慶事に際しての付け届けも別に珍しいことではなかった。

田中は疎開して、岡山の馬屋上国民学校に転入した時に、東京でもらったランドセルを背負い、革靴を履いて登校した。しかし同級生は、ありあわせの布袋に草履という出で立ちである。この世の中にランドセルなんてあるの、というような好奇の目で見られ、なんとも自分の格好が滑稽に思えて、すぐに止めた。

日常生活も、カルチャーショックの連続であった。地元の子どもは、砂利だらけの田んぼのあぜ道なんかでも、裸足ですたすた歩いている。「あそこまで歩いてみろ」と囃されるが、都会育ちの田中が同じように裸足で歩くと痛くてたまらない。

夏場は、ため池がプール代わりである。男の友達は、みんな土手から飛び込んでいるが、田中にはとてもじゃないが怖くてできなかった。最初は、女の子や小さな子どもたちと一緒に、浅いところで遊んでいたが、自分も何とか飛び込みたくて仕方がない。そこで、夕方皆が家に帰ってから、一人でこっそり飛び込みの練習をしたこともあった。

一九四九年四月、田中は岡山市の私立関西《かんぜい》中学校に進学した。自宅近くに、野谷《のたに》村と馬屋上《まやがみ》村、横《よこ》井《い》村の学校組合を合わせてつくった、新制の香和《こうわ》中学校ができており、本当はそこに行くはずだったが、なにぶん田んぼがあった場所を、モッコで整地してつくったばかりの学校である。源三から、あんな所に行くと勉強なんてできないと言われて、市内の伝統校に進むことにした。

ところが三年になると、クラスの友人が櫛の歯が欠けたように、何人も来ていない。どうも関西中学では関西高校への内部進学を基本にしており、地元の公立高校に進学を希望する者には、推薦状を書いてくれないという噂が広がっていた。それを避けるために、転校する人が続出していたようである。その話を源三にしたところ、地元の中学に転校したほうがよいだろうということになって、三年から香和中学校に移った。

だが授業の進度がまるで違った。すでに関西中で習い終わった内容を、香和中ではのんびり教えている。関西中学は、旧制中学が前身であったことから、教師や授業の質も高く、田んぼの中に急ごしらえで作った香和中学とは、ずいぶんレベルに差があったのだ。

香和中学における田中の成績は、クラスでトップであった。しかし教師からすると、自分の都合で越境先から舞い戻ってきた田中の存在は面白くない。

当時は、もう少し頑張れば高校に行けるだろうという生徒に、成績優秀者が放課後に勉強を教えるという、学校あげての運動があった。みんなで高校に行こうという、一見すると美談めいた話なのだが、はっきりいって教師の手抜きでしかない、そうした慣行に、田中は真っ向から反発し、「勉強を教えるのは教師の仕事だ」と、講師役を務めることを拒否した。

納得のいかないことに対して、敢然と反発する田中の態度が、教師には生意気に感じられたのかもしれない。そんなことも影響したのか、卒業時に田中が答辞を読むのは、衆目の一致するところであったにもかかわらず、「田中にやってもらうことはできない」と、教師の意向で別の人が選ばれることになった。

一九五二年四月、田中は旧制岡山二中の岡山操山《そうざん》高校に進学する。その頃、家庭の経済状況は逼迫していた。源三は東京で戦後第二回目の衆議院議員選挙（一九四七年四月）に立候補したが落選し、教職も失職する。そういうこともあって、父は東京から岡山に帰郷したが、再び教職に就くことはなかった。各地域にできた公民館をつなぐ、コミュニティ新聞づくりをしたり、岡山清心女子専門学校（現・ノートルダム清心女子大学）の学生課や学校の事務長を務めたりしていたが、いずれも非常勤であり、けっして収入はよくなかった。

後に源三は、津高《つだか》村と横井村が合併してできた、津高町（現・岡山市北区）の町長選挙に立候補したこともある。田中は東京から戻って、選挙の手伝いをさせられたというが、結局は落選した。

源三は、農村部では珍しく、日本共産党の機関紙「赤旗」を購読していた。別に、共産党員ではなかったが、これさえあればＧＨＱが来ても大丈夫だと、話していたという。実際、敗戦直後の一時期は、政治犯として収監されていた共産党の幹部を、刑務所から解放するなど、ＧＨＱと日本共産党の関係は良好であった。

そんな窮状の中、母英子は養鶏を始め、卵を売って現金収入源とした。高等女学校出の英子にとって、養鶏業は全く畑違いの仕事である。しかし家計のために、懸命に働いた。最初は平飼いであったが、そのうち規模を拡大してケージ飼いになった。だが、四人の子どもを抱えて、決して生活は楽ではなかった。

田中も母の養鶏を助けようと、毎日魚屋であらを貰ってくることにした。あらを庭先の大鍋でグツグツ炊き、糠と野菜くずを混ぜて、鶏の餌をつくる。毎日、登校時に空の一斗缶を荷台に乗せて行き、魚屋にそれを預ける。下校時に、魚のあらで一杯になった一斗缶を自転車に積んで帰宅する。当時は、道路も舗装が進んでおらず、がたがたである。それに行きは下りで四〇分だが、帰りは反対に登り坂を一時間、必死でこがなければならない。夏場は、魚のあらが臭くてしょうがなかった。片道一〇キロの道のりを、毎日そうやって往復した。学校ではサッカー部に所属しながら、結局高校時代の三年間、そうした生活を続けた。ちなみに、大学でも、サッカー部に入っている。

高校卒業後、一年間の浪人生活を経て、一九五六年四月、東京外国語大学外国語学部中国学科に合格を果たす。中国語を専攻したのは、猫も杓子も英語ばかりという風潮に対する、反発もあった。最初は、杉並区にある遠縁の家で下宿をした。実家から、一万円の仕送りがあり、そこから八〇〇〇円を下宿代として払う。食事は、昼食の弁当も含めて三食付きだったが、それでもひと月二〇〇〇円で暮らすのは厳しい。

夏休みに実家に帰ると、一万円の仕送り負担が、家計を相当圧迫していることが、母の様子から伝わってくる。このままではいけないと、田中は下宿を出ることにした。

翌五七年春、どこか安い下宿はないかと探したところ、中野区に東京外大中野寮という、老朽化した施設があることを知った。この建物は、元々関東大震災の避難民を受け入れるため作られた臨時施設だったが、後に東京外大の寮になっていた。だだっ広い部屋にいくつか机が置いてあるだけの、殺風景なところで、寮費はほとんどタダ同然だということだった。

噂では、春に退寮者が出るどさくさに、夜陰に紛れて侵入して、一画を占拠してしまえば、学校側も追い出すわけにはいかず、そのまま住めるようになるという話だった。田中は、さっそくリヤカーを借りて、荷物を積み込み中野寮まで運んでいくが、噂とは違い寮の管理は厳格化されていた。大学側からは、住む資格があるのは、正式な寮生だけであり、不法占拠などは断じて認められない、とはねつけられてしまったのである。

途方に暮れていたところで、東京外大仏語学科の友人田口英治から、自分が住んでいる新星学寮に来たらどうかと誘われた。そこで暮らすためには、入寮面接があるという。受けてみると補欠になり、しばらく経つと空きが出て入寮することができた。二人部屋で寮費は二〇〇〇円、風呂は近所の銭湯に行った。食事は輪番制である。朝は一人、晩は二人が当番になり、買い物から料理まで、すべて寮生が担った。掃除も全員でやった。新星学寮に移った後、母から届いた一万円の仕送りは、もう必要ないとそっくり送り返した。

当時、田中は大学の生協活動に熱中しており、毎日「出勤」していた。東外大生協にそのまま就職しようと考えていたが、専従のように活動していた尊敬する露語学科の先輩（石井洋一）から、自分は家庭の事情で院に進学できないのだが、数少ない中国語専攻の君にはぜひ大学院に進んでほしいと勧められ、一橋大学大学院へ進学することにする。

新星学寮の活動には、朝掃除や食事当番など必要最小限の仕事をするだけで、あまり熱心には関わらなかった。アジア人留学生との「北海道旅行」にも一度も参加せず、寄付集めにいくつかの会社を歩いたことを記憶している程度である。「寮会」はいつも舎監である穂積五一の自宅広間で開かれる。和服姿の穂積がじっと聞いているのをみて、「うさんくさい」おじさんだと、少し距離を置いていた。「新星学寮」は、穂積五一が主宰する二階建ての寮で、東京の本郷にあった。東大の真ん前である。奥で穂積の自宅とつながっていた。穂積の師である東京帝大教授上杉慎吉が開いた、「至軒寮」を前身とし、一九三二年に穂積が再興した。国家主義者の上杉が開いた「至軒寮」は、戦後ＧＨＱにパージされたことから、その名称は使えなくなり、「新星学寮」となった。

田中が入寮する前年の五六年から、アジア人留学生を受け入れる会館をつくろうという話が出てくる。松本重治らが設立した「国際文化会館」が六本木にあるが、その留学生版をつくりたいという意向を、穂積は持っていたのである。事務局の人は、穂積の指示で松本重治を訪ね、国際文化会館のことをいろいろ勉強したという。

設立の準備作業が始まり、担当者が「国際学生文化会館」（法人名が「国際学生文化協会」）という名称にしようと考えて、リーフレットを作成した。できあがった印刷物を、穂積に見せに行くと、「国際」はダメだと言下のもとに一蹴され、すべて廃棄することになった。穂積にとり、国際という名称は欧米中心というイメージに感じられ、気に入らなかったようである。結局、名称は「アジア文化会館（ＡＢＫ）」に決まる（法人名は「財団法人アジア学生文化協会」）。

現在の世界は、平等な地平にそれぞれの国が並ぶ関係ではない。明らかに強者と弱者の格差をもとに、世界の国々は秩序付けられている。支配者と被支配者という、異質な二つの世界に、明確に色分けされているという認識が、穂積の中にはあった。そして、当分の間は、アジアの側に圧倒的に加担するという立場で、留学生の世話をする仕事をしなければならないと考えていた。穂積五一は、徹底したアジア主義者である。アジアの諸民族と平等な協力関係をつくろうと、真正直に生きてきた人であった。

日本人は、近代の歴史を総括し、アジアを侵略したことを強く自省しなければならない。そのうえで、アジアの学生が日本に留学したいというなら、草の根を分けてでも探し出して、思う存分勉強できる環境をつくることが、日本の責任だという思いを、穂積は持っていた。

しかし建設には、巨額の資金が必要である。穂積が留学生の会館をつくる案を公にすると、東大時代の知友である岩佐凱實《いわさよしざね》（富士銀行第三代頭取）や中山素平（日本興業銀行第二代頭取）など財界の錚錚たる面々が、「あの穂積がアジアの青年のためにやるんだから、一肌脱がなければ」と、各所に奉加帳をもって歩いた。すると続々と資金提供に応じてくれた。お上に仕えずに、在野でアジア人留学生を支援し続けてきた穂積の姿が、多くの人から尊敬をもって受け取られていたのである。

五七年、新星学寮の土地建物を寄付して「財団法人アジア学生文化協会」を設立し、そして六〇年六月、留学生のみならず技術研修生も受け入れる「アジア文化会館」が完成した。現在も「アジア文化会館」では、日本人学生とアジア、アフリカ、ラテンアメリカの留学生や技術研修生が、起居を共にしている（『アジア文化会館と穂積五一』）。

一九六〇年四月、田中は一橋大学大学院経済学研究科修士課程（東洋経済史）に入る。本来なら、新星学寮の寮生は、第一期生としてアジア文化会館に入寮すべきなのに、田中はそうはせず、大学院進学を機に、一橋大学のある国立市に部屋を借りた。当時、田中は穂積に対して、なんとなく違和を感じていたからなのかもしれない。

大学院での指導教官は、ハーバード大学での在外研究から帰ったばかりの、村松祐次教授（中国社会経済史）であった。修士論文の題目は「盛宣懐《セイセンカイ》と清末鉄道建設」で、一次資料を厳密に吟味しながら書き進めた。大学院生は、田中ひとりだけであり、時には村松の家に泊まり込んで、教授の博士論文を清書する日々が続くこともあった。まるで徒弟のようであった。論文作成のため、毎日のようにＡＢＫのすぐそばにある、東洋文庫（当時、国会図書館支部）に通って、史料を大学ノートに書き写し、家に帰ってから読解する作業に明け暮れていた。

公文書を丹念に紐解く緻密な研究姿勢は、田中が長く携わってきた、在日外国人の処遇をめぐる裁判でも生かされているのだろう。関係法令や細目などを吟味して、粘り強く解決の糸口を探りだし、誰もが納得できる着地点を用意する手法などは、ほとんど職人芸であり、余人に真似のできぬ領域に達している（中村尚司「田中宏による民際学研究をめぐって」）。

六〇年の夏、北京大学の留学を終えて帰国する、インド人青年が日本に立ち寄ることになり、田中は村松教授から案内役を仰せつかった。真っ先に訪れたのは、国会の南通用門だった。安保闘争は海外でも有名だったらしく、東大生の樺美智子が警官隊との衝突で亡くなった場所に行ってみたいと頼まれたのだ。

さらに高校を卒業するまで暮らした、郷里の岡山県にも連れて行き、かつて飛び込みの練習をした村のため池で泳いだりもした。せっかくだからと、村民に集まってもらい、彼を囲む懇談の機会も持った。「日本に来て驚いたことは」という村人からの質問に対して、インド人青年は、天皇が健在で東京のど真ん中に大きな居を構えていたことです、と答えた。そして、「すでに退位し、どこかに隠居しているかと思った。あの戦争ではおびただしい人が犠牲になり、皆さんにも大きな苦難をもたらしたのではなかったですか」と、逆に問われるが、村人は沈黙するばかりだった。結局、最初から最後まで、話が全くかみ合わなかった（田中宏『在日外国人　第三版』）。

田中が一橋大学大学院に入った当時は、六〇年安保闘争が全国規模で広がっていく時代であった。そんな頃、アメリカのアジア、フォード両財団から、日本の中国研究に資金が提供される計画が進行していた（AF資金）。年額にして、両財団から計三〇〇〇万円の研究資金が提供されるという。当時の中国研究者にとっては、巨額の研究費であった。AF資金の受け皿の一人が、村松だった。この資金を使って、日本の主だった大学図書館にある、中国近現代の定期刊行物について、その所蔵状況を細かく調べて目録を作る仕事に携わらないかと、田中は村松から誘われる。

当時、大学図書館の書庫には、専任教員でないと入れなかった。しかしAFプログラムのメンバーになると、身分証明書が出るから、それがあればどこの大学図書館の書庫でも、自由に入ることができる。日当はもちろん、交通費や宿泊費もすべて支給される。定期刊行物や研究雑誌を、実際に手に取り目録を作るわけだから、若手研究者に取り、非常においしい仕事である。

修士時代の田中は、家庭教師と奨学金で生活していた。一九六二年に結婚することになる久美（旧姓木村）の弟の家庭教師をしていたのも、この頃である。しかし村松から、博士課程に進むのであれば、家庭教師で暮らしていくのは難しくなるだろうと言われる。それに家庭教師の仕事は、自分の研究に何の役にも立たない。博士課程に行けば、勉強の時間がないと困るから、AF資金で各大学を回り、清末の定期刊行物の目録作りをすれば、研究にも役立つうえに、生活の支えにもなる。田中が研究する、清末の官僚起業家盛宣懐《セイセンカイ》（一八四〇―一九一六）についても、その時期を後ろ倒しして、一九一九年頃からの同じような問題についてやればどうか。二〇世紀研究委員会というのが東洋文庫に出来るので、そこに入れば金も出るし、一挙両得ではないか、と村松から強く勧められた。

田中は頭を抱えてしまう。盛宣懐を調べ始めたばかりなのに、簡単に変更するなんて考えられない。また、五九年三月に浅沼稲次郎（元社会党委員長）が、北京で「アメリカ帝国主義は日中共通の敵」と発言している。中国とアメリカは不倶戴天の敵だったわけである。それなのに、アメリカからくる金で、中国研究をするのはどう考えても不正常である。日中関係をよくする方向には、決していかないというふうに思えた。

ＡＦ資金をめぐっては、京大助手だった狭間直樹（中国近現代史）が、「ＡＦ資金は箱根の山を越えさせない」と書いていた。東京の馬鹿どもは好きにやればいいけど、汚らわしいヒモ付きＡＦ資金は、箱根以西には来させないという、断固たる決意の表明であった。

そんな状況で、自分はＡＦ資金を受け取る側に立つのかと考えると、田中は暗澹たる気分になった。しかし東京外大から、一橋大学大学院に進んだ外様の田中にとって、指導教授に楯突くことは至難である。受け取れと言われたら、従うしかない立場であった。

六二年一月頃、完全に進退窮まり、退寮して一旦距離を置いていたはずのＡＢＫに、どういうわけかフラフラと足が向いていた。筋向いの東洋文庫で毎日資料を読み、ＡＢＫの食堂で飯を食ってはいたが、しばらく穂積と話すことはなかった。しかしこの時は違った。理事長室に穂積を訪ねて、自分が直面する問題について、このように相談した。

「指導教官から、アメリカのＡＦ財団の研究資金による仕事をすすめられたが、どうも気がすすみません。その資金で近代中国の研究をすることには抵抗があって……」

それを聞いた穂積は、次のような話をした。

「学生時代と違って、娑婆に出れば、他人《ひと》の股もくぐらねばならぬこともあるものだが、その話はそうもいえないように思う。この会館でアジアの青年たちとじかに接してみると、アメリカの資金の件はそれでは片づかないように思う。どうだ、会館の仕事をしないか」

田中は「渡りに舟」とばかりに、会館の仕事をすることにした。村松教授には、「学部の時にお世話になったところがあって、そこに留学生会館ができています。私は外様だし、ドクターで頑張る自信もないので、辞めることにします」と告げた。だが、村松から「せっかくだから修士論文だけは出して、ケリをつけたほうがよい」と諭され、そうすることにした。

あの時、なぜ穂積のところに足を運ぶことにしたのか、振り返って考えてみると不思議である。新星学寮では非主流派で、ＡＢＫの誕生にも特別な興味や関心がなかったにもかかわらず、何かに引き寄せられるように穂積の元に相談に行き、外国人留学生の世話をすることになった（田中宏『「共生」を求めて』）。

ＡＢＫでは、たまたま空席になっていた食堂の担当になった。留学生会館の成否は、食堂のカウンターを挟んでの在館生との関係にかかっているとよくいわれた。どれだけ在館生の要望に応えられるかが、重要であった。穂積は「日本人の価値観をひとまず捨てよう」とよく話していた。インドのベジタリアン向けに用意した「野菜カレー」や、華人系学生のために作った「鶏の足の煮込み」などは、彼らに教えてもらったメニューだ。

料理ができるわけではない田中は、食材の仕入れや什器の調達、厨房の改良などの仕事を、主に引き受けた。食材の仕入れでは、敬虔なイスラム教徒のために、代々木上原の回教寺院で、ハラール処理をしたマトンを仕入れたりした。回教寺院のムスリム牧師は、有名タレントであるロイ・ジェームスの父親で、息子の自慢話をよく聞かされたことも懐かしい思い出である。

ＡＢＫでの仕事は、新しい「自己発見」の毎日だった。当時は、中国はもちろん韓国とも外交関係がなく、接する学生は台湾や香港、東南アジア（中国語を解す華人）の出身者だった。

一九六三年一一月、千円札の肖像画が「聖徳太子」から、「伊藤博文」に変わった。その時、ある華人留学生から、こんなふうに言われた。

「日本では、歴史をどう学んでいるの。今度千円札に登場した伊藤博文は、朝鮮民族の恨みを買って、ハルビンで射殺された人でしょう。毎日の生活でそのお札を使う朝鮮人の立場になったら、残酷だと思いませんか。言論の自由を保障され、政府を批判する文化人や知識人も多いなか、誰一人それを指摘しない。一億人が何を考えているのか、薄気味悪い」

まったく虚を突かれたようで、返す言葉もなかった。考えたらその通りである。「伊藤博文」の知識なら、彼らより多くを持っているだろう。にもかかわらず、千円札を見ても何も感じない自分と、「無気味」に思う彼らとのあいだで、いったい何が違うのだろうか、と自問自答せざるを得なかった（田中宏『在日外国人　第三版』）。

一橋大学大学院には、一年遅れの一九六三年三月に修士論文を提出し、口述試験を受けて修了した。口述試験の時、副査の増淵龍夫教授から、「折角ここまでやったのに、どうして博士課程に進まないのか」と聞かれたが、ＡＦ資金のことを話すわけにはいかない。後日、増淵教授の自宅を訪ねて、「村松先生はＡＦ資金の受け皿の一人です。その資金から逃れることができないので、辞めるのです。先生にだけは理解していただきたいと思って、お訪ねしました」と説明した。すると増淵は「職場の同僚として、その件は責任を感ずるところはあるが、君が進学を断念したからといって問題がなくなるわけではない。以降、どこで何をしようと、避けられない問題をはらんでいることを、忘れないように……」と言った。この重い一言は、この後ABKの仕事の中でもずっと尾を引いていた（田中宏「穂積先生とのあの時、その時」『アジア文化会館と穂積五一』）。

食堂の仕事を続けていた一九六四年暮れ、ある「留学生事件」にぶつかることになる。シンガポール留学生チュア・スイリン（千葉大学留学生部三年生）が、千葉大学から除籍処分になった。彼はABKの在館生ではなかったが、同じマラヤ留学生の先輩が在館していた関係で、事件を知ることになった。

シンガポールはイギリスの自治州であったが、一九六三年九月、マラヤ連邦、イギリス領サバ・サラワクと併合して、マレーシア連邦となった。同地域の留学生たちは、マラヤ留日学生連合会を結成していたが、彼らはマレーシア連邦を、イギリスによる支配を温存させるものだと声明を発表し、マラヤ大使館やイギリス大使館に抗議行動を行っていた。

一九六四年九月、このような行動に対して、マレーシア連邦政府は日本政府に対し、当時留学生会の会長であったチュア君の国費を打ち切り、本国送還を要求してきた。日本政府は、いとも簡単にこの要求に応じて奨学金の打ち切りを通告し、千葉大学は「除籍」で歩調を合わせたのである。留学生たちは九月三〇日に、文部省（当時）の処分を不当として、文部大臣を相手にその処分の取り消しを求める訴訟を東京地裁に提起していた。

田中がチュア君らから相談を受けたのは、千葉大が彼に除籍を通知した直後の、六四年一二月末である。留学生たちは、文部省が九月に処分したのに、一二月になって千葉大が除籍したのは、裁判を提起したことに対する報復だろうと見ていた。同大学で教育を受けている留学生が、除籍処分により国外追放になると、生命の危険にさらされることが目に見えている。にもかかわらず、大学側は処分の理由をはっきり示さない。田中は、その姿勢に激しい憤りを感じるとともに、事態の深刻さをいやがうえにも実感した。千葉大に何度も足を運び、構内に三日間も泊まり込むなど、事件に真剣に関わった。結局、度重なる交渉の末に、一九六五年四月一七日、千葉大学評議会はチュア君の再入学を承認することを決定したのだった。

あとに残ったのは、チュア君の奨学金打ち切りをめぐる裁判である。田中は、六五年四月から、東京地方裁判所で「原告輔佐人」に指定され、弁護士とともに法廷に立つことになった。四年半の審理を経て、東京地裁は一九六九年四月、以下の通りチュア君全面勝訴の判決を下した。

もし、当該国政府の要請があれば理由のいかんを問わないで、わが国政府が留学生の身分を取消しうべきものとするならば、留学生がそれまでの学習によって得た成果はまったく無駄なものとなり、他面留学生らは自己の意志の及びようもない自国政府の要請を常に念頭において、不安のうちに勉学に従事しなければならなくなるのであって、右のような解釈は、留学生個人の意志と人格を尊重し、個人の同意を前提として留学生として採用するということを基礎として成り立っている国費留学生制度を根底から覆すものとして、とうてい許されないものというべきである。（『判例時報』五五五号、一九六九年）

国費生の身分打ち切り処分がおこなわれたのは、一九六四年九月であるが、翌年八月にはチュア君の母国そのものが、マレーシア連邦から分離独立し、シンガポール共和国となっていた。したがって、文部省は敗訴にもかかわらず控訴することを断念し、判決は確定する。そして奨学金の未払い分は、チュア君に払い戻された（田中宏『在日外国人　第三版』）。この事件に関心を持った記録映画作家の土本典昭は、テレビの企画が没になったにもかかわらず取材を続け、一九六五年自主製作の記録映画『留学生チュアスイリン』を完成させている。

同事件以降、田中はさまざまな留学生事件に遭遇することになる。一九六六年四月、ベトナム人留学生のブー・タットタン（東京大学経済学部）は、ベトナム反戦運動に関わり、ベトナム大使館で旅券の延長を拒否され、帰国を命じられた。日本の法務省は、「旅券失効」を理由に、彼の在留期間の延長を認めず、「退去強制令書」を発し、社会問題となった。東大生らを中心に「守る会」が結成され、短期間に一〇万を超える署名が集まった。

その頃、永田町界隈で「左翼「ベ平連」とベトナムの留学生がくっついて、騒動を起こしている。断固サイゴン（現・ホーチミン）に送り返すべきだ」などという動きが出てきた。その音頭をとっていたのは、自民党の千葉三郎という右派政治家で、この「騒動」を裏で穂積が支えているという情報を、まことしやかに垂れ流していた。この話を聞いた穂積は、烈火の如く怒る。田中に「君も一緒に来なさい」と言って、穂積と二人で千葉三郎のところに行った。

「私は「反政府」ということで如何ような批判を受けようと戦前から何とも思わない。だが俺を「アカ」と言うとは何事だ！」と怒鳴りつけ、「昔ならお前、命はないよ」とすごんだのであった。

穂積は、戦前東條英機暗殺未遂事件で逮捕されていることから、反政府の批判は一向に構わない。

しかし、上杉慎吉の弟子という、自分の思想的流れからいっても、「アカ」呼ばわりは決して許すことができなかったのである（田中宏『「共生」を求めて』）。

田中は、集まった一〇万の署名を田中伊三次法相に届けることになった。その時、穂積は珍しく次のような説教をした。

「大臣のところに行くなんていうのは、初めてかも知れないが、何も怖れることはない。昔の武士は、刀を手にかけたところで勝敗がつくといわれている。要は、どこまで真剣勝負のための肝がすわっているかである。この署名に託された思いが相手に伝わるかどうかだ。君の胸に赤い炎が燃えていれば、必ず相手を打つものである。所詮は君自身が問われているのだ」（田中宏「穂積先生とのあの時、その時」『アジア文化会館と穂積五一』）

応対に出たのは、石山陽秘書官であった。秘書官は冒頭で「難しい外交問題もからんでいるので、あまり騒がないでほしい」と言った。

これに対して、田中は「日本は明治以来、中国をはじめ多くの留学生をアジア各国から受け入れたが、結局はこうした留学生たちが抗日の戦列に加わるという不幸な歴史を刻んでいる。ブー君が万一ベトナムに送還された場合、その御両親やいま日本に学ぶアジア人留学生は、日本という国をどういう国だと思うでしょう。私たちは、過去の過ちを二度と繰返さないようにと、一生懸命に署名を集めてお持ちしたのに、〝騒ぎ〟といわれるのははなはだ心外である」と反論した。

エリート官僚の雰囲気を持つ石山秘書官だったが、途中から田中の話に静かに耳を傾け、面会時間は当初の予定を大幅に超えていた。最後に石山は「皆様のような気持ちで、アジア人留学生の仕事をされている方がいるとは、つい気づきませんでした。来意はよく大臣に伝えておきます」と、締めくくった（田中、同上書）。

次に穂積は、ブー君が学んでいた東大の大河内一男総長に力添えを願うために、直接訪ねることにした。田中も説明資料をもって、穂積に付き添った。その後、大河内総長が、田中伊三次法務大臣に面会し、善処法を申し入れるなどして、何とか強制送還だけは免れた。

これを受けて、稲葉誠一議員（元検事、社会党）が、国会質問でこの問題を取り上げた。田中法相は「ひとりの留学生のために、東大総長がお越しになったことを重く受けとめたいと思います」という趣旨の答弁をし、ブー君の事件は、ようやくヤマを越したのである。

チュア・スイリン事件やブー・タットタン事件、劉彩品事件など、留学生抑圧事件の支援に中心的に関わったことが、田中の活動スタイルを確立するうえにおいて、決定的な経験となった。国家権力からの抑圧や、社会的な排除も受けているアジア人留学生など少数者と連帯して、生きぬこうとする態度そのものが、田中宏が構築してきた学問である。こうした外国人が直面する事件を、共に支援してきた中村尚司は、田中の行動力を瞠目とともに尊敬をもって見てきたのである。

第七章　田中宏と穂積五一（二）

田中宏は、師である穂積五一（一九〇二—一九八一）から多くを学び、その思想を受け継いできた。単純にいうなら、穂積が国家主義的な憲法学者の上杉慎吉に師事したことから、田中も右派の流れにあるという見方もできる。だが、彼らの思想を簡単に左や右に分類してしまうと、物事の核心が見えなくなってしまう。

穂積五一は、一九〇二年愛知県八名《やな》郡能登瀬《のとせ》村（現・愛知県新城《しんしろ》市能登瀬）に父鈴木麟三、母唯千代《ただちよ》の六男として生まれた（生家は鈴木姓。一九五〇年、家裁を通して正式に戸籍変更し、本姓の穂積になる）。生家は古くからの医家であり、また三県にまたがる山林の大地主でもあった。広大な敷地に幾重にも石垣が積みあげられた、まるでお城のような屋敷を構えていた。鈴木家は、地域の名士としての声望が高く、近隣の大人たちも、鈴木家の子どもたちを「五一さま」などと、「さまづけ」で呼んだ。

麟三は医業を継ぐため、医科予備門（後の東京大学医学部）で学ぶが、父親が没したため、やむなく帰郷して林業を継ぐ。政治にも野心を持ち、一八九二年には衆議院議員になっている。穂積が二歳の

穂積五一。1973年初夏、未來社のインタビューに。撮影＝矢田金一郎（穂積五一先生追悼記念出版委員会編著『アジア文化会館と穂積五一』影書房、2007年7月、より）

時に、麟三は病没している。

穂積は、豊橋市の県立四中（現・時習館高校）を卒業するころ、肋膜炎になり三年間の療養生活を送った。その間、「自分とは何だ」という疑問を持ち始め、水を浴び、座禅を組み、哲学書を読みふけるなど、夜も昼も煩悶し続けた。

やがて愛知県豊川市にある曹洞宗妙厳寺の名僧福山白麟と出会い、導かれていくことになる。「草も木も生きとし生けるもの、みな自分と同じ生命」だと感得した。生きたものが食べられなくなり、菜食になった。このとき痛感した、「すべての命を大切にしなければならない、人を裁いたりするのはよくない」という気持ちが、以後の生涯を貫く自分自身の出発点になった(『アジア文化会館と穂積五一』)。

その後、鹿児島の第七高等学校造士館に入る。闘病しながらであったが、成績は飛び抜けてよく学年でトップであった。一九二六年、穂積は七高から、東大法科に入学する。そこで出会ったのが、上杉慎吉であった。上杉は極端な天皇主権説を主唱する国家主義的な憲法学者で、一般的に大正デモクラシーの時代に出てきた反動的な人物だという、ネガティブな評価が定着している。紋付の羽織袴姿で教壇に立ち、自分と国家がどう繋がりを持つかについて力説した。かつて天皇機関説を唱える美濃部達吉と、論争したことでも有名である。

このように書くと、奇矯な人物であるように見えるが、実際は気さくな人柄で、家族思いの良き家庭人であったといわれる。困窮する学生に対しても思いやりがあり、その人間性が多くの人を引き付けた。穂積もその一人であった。

意外な人物も、上杉を慕っている。ゾルゲ事件に連座し、治安維持法などに問われて、処刑された尾崎秀実《ほつみ》である。一九四一年一〇月、日本政府の機密などをソ連に通報した容疑で、ドイツ人リヒャルト・ゾルゲ、尾崎秀実らが逮捕された。当時、尾崎は「赤色スパイ」「極悪の売国奴」という烙印を押された。

そんな尾崎について、鶴見俊輔は次のような思い出話をしている。尾崎の父親は台湾で新聞を出していたが、そうした関係から鶴見の祖父後藤新平(台湾総督府民政局長を務めた)とも仲が良かった。

その縁故で彼(尾崎秀美—引用者註)は台湾から出てきて東大に入ります。一高・東大。そうすると私の親父の鶴見祐輔が尾崎に金を渡していた。たいした金じゃありません。大きな金は親父の義父だった後藤新平が、私のお袋を通して渡すんだけれども、それとは別に尾崎がくると親父が渡していたんだ。娘と婿の違いだね（笑）。

それで尾崎がくると後藤新平が出てきて「君が東大で一番尊敬している先生は誰かね」なんてことを聞く。尾崎は「上杉慎吉先生です」と答えたらしい。後藤はびっくりしちゃって「そんな古い、保守的な人を尊敬するんじゃ困るね」と言った。つまり、後藤は私の親父を通して吉野作造とか美濃部達吉とか、そういう名前を挙げてほしかったわけ。だから「上杉慎吉は東大法学部教授でも最右翼の人です」なんて意見したようだ。

この話は、尾崎が獄中で書いた『愛情はふる星のごとく』にあります。彼はその中で「自分は上杉先生が今でも好きだ」と言っている。上杉慎吉はとてもいい人だったらしくて、それは他の人も書いていますね。非常に親切で真実がある人だったと。尾崎は牢屋に入って、反逆罪で殺される時になっても、上杉への変わらぬ愛情を書いたわけだ。（鶴見俊輔・上坂冬子『対論　異色昭和史』ＰＨＰ新書）

穂積が東大に入学当時、吉野作造が提唱した「民本主義」に共鳴した学生たちが作った「新人会」が勢力を拡大していた。しかし吉野の意向に反して、「新人会」は民本主義から離れ、日本共産党やコミンテルンとの連携を深めていた。新人会がソビエト・ロシア主導のコミンテルンに連携したことに反発し、一九二四年二月、上杉慎吉は国家主義的学生団体「七生社」を結成する。

穂積が、「新人会」から距離を置き、彼らと対峙する上杉たちの「七生社」に共感を持ったのには、様々な理由が考えられる。なにより「新人会」のメンバーたちが、外国思想の単なる翻訳を吹聴しているに過ぎなかったことに、大きな違和感を持ったことである。自分の頭で考えた理論でなく、欧米由来の輸入思想をさも高級であるかのように主張する、エリート意識むき出しの姿は尊大で見苦しい。穂積の目にそう映ったのだろう。

穂積が東大に入学した頃、上杉は「右翼」と言われていたが、深く接するとそうした単純なくくり方では収まらず、「国家社会主義」か「民族社会主義」という形容が適切であるように感じるようになった。国家は最高の道徳というヘーゲル流の考えを持ち、国家においてはじめて人間はそれぞれのところを得るという考えを、上杉は持っていた。

また上杉は、日本で最初にマルクスの『資本論』を完訳した高畠素之《たかばたけもとゆき》に生活援助を行い、出来上がった本に序文も寄せている（『アジア文化会館と穂積五一』）。

一九三〇年、穂積は東京大学を卒業したが、就職せず本気でアジアの人びとのために尽くそうと思い定める。真の人間として生き、日本とアジアの関係をただしていくには、就職などしては駄目だと考えたのである。そして日本を始めとして、世界中にいる大勢の困った人のために役立つ生き方をするにはどうしたらよいのか、いかに社会を改革していくべきかを思案するうちに、上杉が開いていた「至軒寮」を再興しようと考えるようになった。

当時、日本にはアジアからたくさんの人たちが来ていた。しかし彼らに対して、日本人は「チョーセン人」や「支那人」などとあからさまに蔑み、とても正視できないような、耐え難い仕打ちを平気でしていたのであった。そういう場面に何度も遭遇するうちに、穂積は何より必要なことは、人間同士がともに理解しあうことではないかと痛感した。そして、彼らの質素な暮らしぶりとかけ離れた贅沢を、自分はけっしてしてはいけないと、肝に銘じた。

戦時中の一九四三年、穂積は反東條とアジアの独立運動に関わったかどで、投獄される。東條英機暗殺を画策する者が、「至軒寮」周辺にはいたようだが、穂積はテロのような暴力行為を非常に嫌い、批判するにしても、平和的に解決することが、本当のやり方だと考えていた。むしろそうした向こう見ずな行動に走ろうとする者たちに、ブレーキをかける立場であった。

にもかかわらず、特高に捕まり、留置場に放り込まれてしまうと、そこには独立運動に関わった朝鮮、台湾、満州の青年がたくさんいた。当時の留置場は劣悪な環境で、人権など全くなかった。

穂積は厳しい監視下に置かれたが、拷問だけは免れた。しかしアジアの青年たちには、酷い拷問が加えられた。穂積が、「なんで、あんなにひどいことをするのか」と必死に訴えても、「アイツらは、人間じゃない」と一蹴された。青年たちは、生命にかかわる拷問を加えられても、けっして運動を諦めようとはしなかった。穂積はそれを眼前にして、日本による植民地支配で、アジアの人びとがいかに苦しんでいるか、骨身にしみて理解した。

穂積の思想に流れる、こうした平等精神や人間に対する強い思いやりは何に由来するのだろうか。そう考えていくと、母唯千代の存在に突き当たる。穂積が書いた「母のをしへ」には、アジア人留学生から「聖人」と慕われ、尊敬された彼の人間性に、母親の高潔な人柄が投影されていることが如実に示されている。幼少期に見たある情景が、穂積の生涯にわたる、行動の指針になったのかもしれない。

ある日の夕方、穂積が遊びから帰ると、玄関の土間に大きな黒い塊のようなものがあるのに、気がついた。よく見ると、それは人間であった。土間にしゃがみ、上り垂木に両手を丁寧に合わせて置いていた。母は少し離れて、腰を掛けていた。明かりのつかないままの、夕闇の光景であった。すでに、話は済んでいたようで、この人は何やら小脇に抱えて、薄暗い闇に消えていった。家に来ていたのは、村はずれに住む被差別民であった。村では大人も子どもも、この人とは没交渉であった。

> ある日、母がこのエタ《ママ》の話をしてくれた。そして「何の理由《わけ》もなく、この人を遠ざけ、ないがしろにするのはよいことではない。人間は、みな、尊いのである。お前たちは、村の人の真似をしてはいけない」と静かに諄々とさとされた。
> （穂積五一『内観録』）

村中で被差別民を家に入れ、話をし、ものをわけ与えたりするのは、穂積の母だけであった。村人たちが馬鹿にし、蔑んでいる被差別民が、高台にお城のように聳え立つ、穂積の屋敷に人目を忍んでやって来て、母は何の隔てもなく話をしている。その姿を見て、穂積は子供心に誇りのようなものを感じた。

被差別部落のみならず、在日のアジア人たちも、日本社会において差別や貧困に直面してきた。明治以降の百数十年間、日本人は欧米を手本にしてきたが、有色人種に対する蔑視観までも、白人から忠実に学んできたのである。まるで自分たちが有色人種であることを忘れたかのように振舞ってきたのだが、そのような態度はアジアの人びとを不快にさせることはあっても、決して信頼感につながりはしない。

かつて日本はアジア各地を侵略し、大勢の住民を犠牲にしたにもかかわらず、そうした責任を一切認めようとしてこなかった。戦後は朝鮮戦争やベトナム戦争の特需で、莫大な利益を一身に享受し、高度経済成長を果たした。米国に守られながら、さも欧米に並ぶ世界の一等国になった気分で、まる

全国水平社創立（1922年３月３日）の中心を担った青年たち。「吾等は人間性の原理に覚醒し人類最高の完成に向って突進す」（綱領）。後列右端が「人の世に熱あれ、人間に光あれ」で結ばれる創立宣言を起草した西光万吉。前列左から平野小剣、南梅吉、阪本清一郎、桜田規矩三。後列左から米田富、駒井喜作（水平社博物館提供）

で西洋人のようにアジア人に居丈高に接する。そんな姿を、イエローヤンキーだと揶揄する声が聞こえてくる。穂積は、そうした日本人の価値観を、「人間であるために」基底から再吟味する必要があると痛切に考え、実際の行動で示してきた。

穂積五一と池田文子《ふみこ》が結婚したのは、一九四六年七月のことである。文子は、真珠王御木本《みきもと》幸吉の長女ようと、御木本真珠店の大番頭池田嘉吉《よしきち》との間にもうけた娘である。東京音楽学校（現・東京藝術大学）卒業後、当時ローゼンシュトックが首席指揮者を務めていた「新交響楽団」（現・NHK交響楽団）で、ピアノ演奏を任されるほどの実力者であった。文子は、天才的とも評される、有名なピアニストであった。自宅にはホルーゲルのグランドピアノが置いてあり、そこにレッスンに通う生徒が頻繁に訪れた。生涯定職に就かず、アジア人留学生を支援し続けた穂積を、文子のピアノが支えた。

周囲には、病弱な穂積の結婚に反対するものが多かったが、穂積の主治医をもって任ずる鍼灸師代田《たしろ》文誌《ぶんし》は、むしろ病身が回復するきっかけになるかもしれない、と肯定的であった。二・二六事件をきっかけに親交を結んだ、水平社創設者の一人である西光万吉も賛意を示した。結婚の翌年である一九四七年、大規模な公職追放が行われ、穂積もその中に含まれた。

二・二六事件当時、農民運動の指導者であった西光は、決起軍の実情を探るうち、厳戒下の反乱軍と連絡を持った稀有な存在である「至軒寮」の存在を知った。穂積と西光は、初対面の時から、肝胆相照らす仲のごとく、お互いを尊敬しあった。以後の二人は、日常の些細な出来事を連絡しあう手紙を、頻繁に交わしている。西光は、穂積の人間性を敬い、七つ年下であるにもかかわらず兄事した。一方の穂積も、言葉に真実があり、裏表のない誠の人だと、西光を絶賛した（『アジア文化会館と穂積五一』）。

敗戦後も、二人の交流は途絶えることなく続いた。西光は、核武装による東西対立が激化する国際情勢を憂い、「和栄政策」を強く提唱するようになる。世界の平和は、武力増強で達成されるものではなく、建設的な親和力によって、諸国間が交わる和栄隊でなければならないと、西光は訴えた。その後、田中宏が新星学寮に入寮する前年の一九五六年に、留学生の会館をつくろうという話が持ち上がるわけだが、そうした背景には穂積が西光の提唱する「和栄政策」に、一定の影響を受けたという見方もできるのかもしれない（『アジア文化会館と穂積五一』）。

一九六二年、中村尚司は完成からまだ間もないアジア文化会館を、初めて訪ねた。中村が、アジ研に就職した翌年であったが、アジア研究にまだ確信を持てぬまま、アジア、フォード両財団から提供されるAF資金導入に反対する運動に参加していた。ABK在館生である小倉尚子に、同資金導入問題に関する、助言を求めるためであった。

中村は、ABKで暮らすアジア・アフリカの留学生たちと、小倉が生き生きと交流する様子をみて、ある種の羨望を覚えた。日常生活に根差した、全人格的なふれあいがいかに大切かを教えられたように感じた。その後、途切れることなく、ABKを訪ねることが続いたが、そうするうちに田中宏と親交を深め、以後様々な局面で助け合うことになる。

田中は、就職から一〇年目の一九七二年に、ABKを退職することにした。穂積を訪ね、辞意を伝えたが、そのことで特に何かを言われることはなかった。

ABKは民間の留学生世話団体であり、政府からの補助金を受けていたわけではなかった。施設の過半を貸与していた姉妹団体の海外技術者研修協会が、通産省（当時）から補助金を受けていたのとは違い、ABKの財務状況は苦しいものであった。ABKから公務員ベースで給料が出ていたが、若い間は支給できても、毎年定期昇給を重ねて行けば、やがて運営が厳しくなるのは、目に見えている。そうした現実を踏まえて、田中は三五歳定年説を唱え始めたのである。

それに、当時ABKの事務局長だった千代田博明が「他流試合に、我々は耐えられるだろうか」という、問題提起をしたことにも触発されたのかもしれない。そこで、田中は大学の研究職を探し始めることにした。ちょうど東京大学の社会科学研究所と東洋文化研究所の募集があった。しかし東大社研は年齢制限があり、東洋文化研の方は募集があったものの、予定通りに人が辞めず、結局どちらも採用されることはなかった。

そんな話を、中村にしたところ、名古屋にある愛知県立大学が中国語の教員を募集していると教え

阪神教育闘争74周年の記念集会で、田中は「日本の外国人政策と民族教育権」と題して講演した。若い頃アジア文化会館で働いていた田中は、アジア人留学生が抱く日本社会への違和感から多くを学んだ。1963年11月、日本の千円札の肖像画が聖徳太子から伊藤博文に変わった。ある留学生から「伊藤は、朝鮮民族の恨みを買ってハルビンで殺された人でしょう。日本で一番多い外国人である朝鮮人も同じ千円札で、買い物をするわけでしょう。ずいぶん残酷なことですよね。しかも、日ごろから政府を批判する文化人・知識人がどれだけいても、誰一人として伊藤の登場を批判しない。一億人が何を考えているのか、薄気味悪い」と言われ、ショックを受けた。それから61年が経つが、日本社会はどれだけ変わったのだろうか。
大阪市生野区 KCC会館（2022年４月24日、著者撮影）

てくれたので、申し込むことにした。「第二外国語としての中国語及びその他に何か担当できる者」という募集内容だった。中国語のほかに「諸地域研究」では「アジア留日学生史」と、「特殊講義」では「在日外国人の処遇問題」を、担当できる課目として応募した。

当時は、まだ論文と言えるものは執筆しておらず、朝日新聞の学芸欄に掲載された「アジア人留学生と暮らして」（一九七〇年九月八日付）や、「アジア留日学生年史」と題する年表（『朝日アジアレビュー』第四号、一九七〇年二月号）、「在日外国人の処遇と留学生問題」（ABK機関誌『月刊アジアの友』一九六九年二月号）を提出した。結局、東京外大の中国語学科卒という肩書が、役に立ったのか採用ということになった。その頃、中国語学科を開設していた大学は、東京と大阪の両外語大と、天理大だけだったから、稀少価値があったのかもしれない。

愛知県立大に就職後は、東京と週一回往復し、名古屋には三泊四日する生活が始まった（東京から通う教員が、田中以外にも数名いた）。そして、毎週月曜日にABKに顔を出し、相談役として様々な手伝いをするようになった。

アジア人留学生に接する、田中の誠実な仕事ぶりを、歴史家の三木亘は見ていた。「いままさに問題にされるべき関係そのものの結節点を、氏は一次的に生きぬいて来ている」と、田中がまだ二〇歳代だったころの活躍について『岩波講座　世界歴史　第三〇』（一九七一年）のなかで高く評価している。歴史学の成果を示す論文集で、まだ若い田中が取り上げられているのも異例であるが、とはいえそんな名もなき若者に注目した三木の慧眼。それにもまして驚嘆するのは、八七歳を迎えた現在に至るまで、田中が何ら志を曲げずに、在日外国人の支援に奔走し続けていることである。

上杉から穂積、そして田中宏へのつながりをどのように理解すべきなのか。田中本人は、「見る人が見れば、ワタシは右翼の系譜にあるんだ」というふうに語る。だが、田中の思想や行動を見る限り、私たちが持つ一般的な右翼のイメージとは大きく異なり、むしろ左寄りの研究者に見える。

在日コリアンの処遇改善に、懸命に取り組む田中のことを、当事者である在日の人たちは、「田中先生は、私たちのために一所懸命に頑張ってくれている」と、感謝する。確かに、私の眼から見ても、異論をはさむ余地のない感想だと思う。

しかしその話について、田中に尋ねてみると、かなり違う反応が返ってくる。在日から、よくやっていると感謝されたりするが、田中自身は、全くそのような気持ちで働いているわけではないというのだ。「日本人として恥ずかしくないのか」という気持ちが、自分の仕事の原動力になっているというのである。

田中は、自分が取り組んできた一連の仕事について、日本という国が、どういう国なのかを示す、格好の教材になっていると話す。

例えば、天皇の赤子として戦争に従軍したにも拘らず、戦後一方的に日本国籍を失い「外国人」とされた朝鮮人が、国籍条項を理由に戦後補償から排除されている問題がある。一九五二年四月二八日のサンフランシスコ講和条約発効にともない、朝鮮半島や台湾出身者は、一片の民事局長通達により「国籍喪失宣告」がなされた。戦時中、日本人として従軍したにもかかわらず、朝鮮人たちは戦死、戦傷病を負っていても、国籍条項を理由に補償の枠から排除されてしまった。一方で、日本人の戦死者および戦傷病者に対しては、本人のみならず、その妻や父母に至るまで、驚くほど巨額で細やかな

「日韓請求権協定で解決済み」とする日本政府の姿勢、「強制連行は無かった」など相次ぐ閣僚の問題発言に対し、羽田孜首相（当時）との面会、政府による謝罪と補償の実現を求めて来日した韓国人元日本軍慰安婦15人に対し、総理府（当時）は門扉を固く閉ざして男性職員がピケを張り、彼女たちを門前払い、対話を拒絶した。『在日外国人　第三版』（岩波新書、2013年）の副題に、田中宏は「法の壁、心の溝」と刻んだ
(1994年５月、柳原一徳撮影)

補償の手当てがなされている。

こうした明らかに理不尽な現状を問うために、石成基《ソクソンギ》や陳石一《チンソギル》らの戦傷年金支給を求めた裁判など、田中はいくつもの行政訴訟に関わり、異議申し立てを続けてきた。しかし、国籍を理由に、ことごとく門前払いされてきたのである。ちなみに、大島渚監督の名作「忘れられた皇軍」（日本テレビ系列「ノンフィクション劇場」一九六三年）で登場する、「元日本軍在日韓国人傷痍軍人会」会長が、石成基である。

これまでの経緯から考えて、旧植民地出身者は、自らの意志で国籍を選択する権利があったはずである。本来なら「ちっぽけな国で、住みにくいかもしれないけど、よろしかったら、どうぞいらしてください」（日本国籍を確認する訴訟をした、宋斗会《ソウトカイ》の言葉）くらいの挨拶があってしかるべきなのに、あろうことか一斉に国籍の「喪失宣告」がなされてしまった。その結果、「外国人」になった旧植民地出身者は、一切の戦後補償から排除されることになってしまう。このような卑劣ともいえる扱いを、日本人は平気でしてきたのである。

そんな日本人に対して、「恥ずかしくないのか」と田中宏は問い続ける。田中のこうした一貫した姿勢こそ、真っ当な「人間であるために」日本人の価値観を再吟味し続けた、穂積五一の思想と重なり合うものなのである。

彼らは、鬼畜米英という、敵役がいなければ成り立たぬ、反動としての興亜主義者ではない。アジア諸民族と平等な関係をつくるために、全身全霊を傾け続けた、真のアジア主義者なのである。

第八章　鶴見良行 歩くアジア学

私が初めて龍谷大学の中村尚司研究室を訪ねたとき、著書や様々な資料を頂いたと先述した。書類のなかに、鶴見良行が『思想の科学』（一九八二年八月）に書いた、「テレビとエビ」と題する論考のコピーが含まれていた。この論考において鶴見は、日本の経済協力でスリランカにつくられたテレビの放送局をめぐり、中村が巻き込まれた問題について意見を述べている。

「日本とスリランカの経済関係」というタイトルで中村が行った報告が、アジ研ニュースに掲載されたのは、一九八二年一月のことである。その内容が、一九八二年四月二三日の衆議院外務委員会で槍玉に上がり、中村は窮地に立たされることになる。クレームがついたのは、以下の箇所である。

現在、スリランカでは電灯線はかなり広く敷設されていますが、電灯料金が払えないために電灯を使えない家庭が全世帯の九〇パーセントに達している。そういったところにカラー放送を日本政府が無償協力したとしても、本当にカラー放送を楽しめる人は全国民の一パーセントもいるでしょうか、というふうなことがいわれているわけです。民衆の生活の向上といった点からいうと、ほんの一パーセントの人のために「協力」という名の援助が行われるのはいかがなものであろうか、同じお金をもう少し残りの九九パーセントの人も楽しめるような分野に使ってもらえないだろうか、ということになるわけです。

(『アジ研ニュース』第18号、一九八二年一月)

経済援助の問題点を指摘する、至極真っ当な意見である。ところがこれに対して、社会党の井上普《ひろ》方《のり》衆議院議員が外務委員会で質問をし、次のような異議を唱えたのである。

ここに「アジ研ニュース」というのが出ている。これはどこから出しているのですかな――アジア経済研究所です。これは通産省の外郭団体かな。(中略)通産省の外郭団体が出したこの文書を見てみますと、日本とスリランカの経済関係ということで文章が出ている。見てみますと、これは世の中を斜めに見ておるなという文章も中にはある。(中略)しかし、この「アジ研ニュース」を見ると、あの国はテレビを買うどころの騒ぎではない。ましていわんや電気料金も高くて払えないようなところにあんなテレビの経済援助をしたらおかしいじゃないかと、斜めに見て書いてある。私はそうではないと思う。人類の文化の所産であるものを民衆に知らせるということは大きな意味があると私は思う。

(一九八二年四月二三日　衆議院外務委員会　議事録)

途上国に放送局のような施設をつくるには、多額の資金援助が必要である。本来なら、経済援助は、途上国側に何らかの利益をもたらす趣旨のものであるはずなのに、日本のODA(政府開発援助)で投下された資金は現地を潤さず、その多くがプロジェクトに関わった日本企業に還流していくともいわれている。日本側の利害関係者からすると、経済援助に異論を差し挟む中村のような人物は邪魔者でしかない。この後、中村は、各方面からの様々なバッシングに晒されることになる。井上議員も、そうした関係者の意向を受けて、外務委員会で言いがかりのような質問をしたのかもしれない。

とりわけ陰湿であったのが、外務省の嫌がらせである。外務省の経済協力局長が、「外務委員会で野党の議員から批判される中村のような者をおいていたら、公用旅券は出せないし、ＯＤＡの資料も出さない」と、アジ研に通告してきた。実際、研究者たちが、調査地の在外公館で資料を貰おうとしても、出してもらえないことが、各地で頻発したという。研究者にとっては、死活問題である。しかし当時アジ研の所長であった小倉武一は「中村は全く悪くない」と、毅然たる態度で擁護した。

そんななか、鶴見良行も『思想の科学』誌上で、井上議員を敢然と批判し、中村の正当性を明確に主張している。以下に一部を引用する。

質問者は、井上普方という社会党の議員である。今さらながらびっくりして、次にいささか悲しくなった。第三世界の民衆について、日本では、革新政党の議員でも、このていどの認識しかないのである。井上議員は、スリランカのＴＶが開局したころ同地を視察したらしいが、ほんとうに何を見てきたのかと思う。

井上議員のまずいところは、第三世界について洞察が欠けているところだけではない。中村氏が批判したように、経済進出が、今日、日本の圧倒的な時流である。その時流に生きながらも、アジアの民衆の苦しみによって豊かになっている我と我が身の暮らしを恥ずかしく思い、そんなありようを改めたいと努力している人びとも少数ながらいる。そうした人びとを含めて経済進出という時流がある。その政治力学について、井上議員はまったく自覚を欠いている。反体制という思いこみに甘えた体制者は、いっそう度しがたい。

中村氏が触れているスリランカ学術会議議長の報告を引用しよう。

「われわれが子どものころには貧しい家でもたまにはおいしいエビのカレーを食べることができたけれども、いまやどんな豊かな家庭であってもほとんどエビのカレーを食べることができなくなっている……われわれは、日本の漁船がマグロやカツオをとるときに使っている餌のイワシの残りをかん詰にして送ってもらって、高いエビを日本に売って安いマグロの餌でがまんしているというふうになってきた。将来いつかわれわれが経済発展を成功裏に達成することができれば、また再びエビが食べられるようになるということではなく、日本のような国と経済関係を深めれば深めるほど、ますますわれわれの生活内容は貧しくなっていくのだ」

「日本の経済進出はわれわれを貧しくする」というスリランカ学者の指摘を読んだ上で、井上議員の無自覚な質問が行なわれている。スリランカを貧しくする仕組みは、TV放送網という経済援助にも貫かれているのである。（鶴見良行「テレビとエビ」『思想の科学』一九八二年八月、『アジアの歩きかた』所収）

鶴見良行は、アカデミーが見ようともしなかったアジアの辺境を歩いて、徹底したフィールド調査の末に『バナナと日本人』や『ナマコの眼』などの、膨大な著作を残した研究者である。身近な食材に着目し、平易な文体で語った一連の作品は、非常に多くの読者を獲得した。

鶴見和子と鶴見俊輔は、良行の父方のいとこにあたる。和子、俊輔姉弟の父は鶴見祐輔、母愛子は後藤新平の長女である。祐輔は、東大法学部を首席で出た金時計組で、有名な政治家であった。『母』という作品がベストセラーにもなった、著述家でもあった。鶴見一族は、東大予備門が出来て以来の優等生ばかりであった。

フィリピンのリオ・ホンドで、酔っ払いにからまれる鶴見良行。1987年３月19日（撮影者不明、立教大学共生社会研究センター所蔵）

良行の父鶴見憲は、祐輔を次兄とする一〇人兄弟姉妹の末弟である。最初仙台の二高に入るが、「そんな田舎の学校にいったらだめだ、何が何でも一高から東大法学部に行け」と、呼び戻されてしまう。「東大法学部以外は学校じゃない」という、確固たる一族の信念に呪縛されていたのであった。

一九二六年、鶴見良行は外交官の父鶴見憲が当時赴任していた、アメリカのロサンゼルスで生まれた。一九三三年に一時帰国しているが、再び出国してオレゴン州ポートランドの小学校や中国東北地区のハルビン市の小学校で学んでいる。日本の学校に入るために、最終的に帰国したのは、小学六年生のときである。豊島師範付属小学校に転入した後、府立八中、水戸高校、東京大学の順に進学している。

アメリカで生まれ育った良行は、日本に帰って来た時、ニューイングランド風のビロードの服を着ていた。まるで『小公子』の主人公リトル・ロード・フォントルロイのような格好であり、和子はその姿を見て「日本人と全く違う生活をしていたんだ」と感じたという。帰国後、しばらくしてからも、良行はアメリカの子どもが着るような服装をし、弟たちと遊ぶ時も英語を使っていた。食生活もアメリカ風で、当時の日本人からすると非常に豪勢な食事であった。

当初良行は、出生主義のアメリカ国籍であった。一九四六年にGHQから「あなたはアメリカの国籍を持っている。このまま持ち続けるか、それとも日本国籍を選ぶか」と問われ、血統主義の日本国籍を選択した。戦時中、良行は「もし戦争でアメリカが負けたら、アメリカ国籍を選ぼう、日本が負けたら、日本国籍を選ぼう」と考えていた。結局、日本が負けたから、日本国籍を選んだのだった。

鶴見家の長男は東京大学法学部法律学科を卒業して官吏になるべきだと、言い続ける母親の英に反発しながらも、良行は結局その通り東大に進むことになる。そんなことから良行は、「自分たちは、親子二代で東大法学部の犠牲者だ」と、自虐的に語っていた。しかし官吏にはならずに、高木八尺《やさか》や松本重治ら知米派知識人が設立した国際文化会館に就職する。

鶴見家は、日本における最も良質な知識人を輩出してきたといえるが、和子や俊輔そして良行の三人とも、中村尚司との縁が深い。中村が最初に知り合ったのは、俊輔の姉和子である。玉野井芳郎が主宰する「地域主義研究集談会」に、和子も参加していたことから、交流が始まった。非常に温和な人柄だという印象が強い。一九七六年、「集談会」で青函トンネルの工事現場を見学したときに、女性が入ると事故が起きると、和子だけが立ち入りを拒まれた。中村が「抗議しましょうか」と聞いてみるが、和子は「皆さんがそう信じていることを、乱すのはよくない」と言って、一人外で待っていた。後に和子は、民俗学者の柳田國男や南方熊楠の研究で大きな業績を残すが、当時から人智を超えた存在に対する畏れや畏敬の念をもっていたのかもしれない。

そんな和子は、中村に「俊輔は非常に頭の良い人です」と、話していた。しばらくして、中村は俊輔と付き合うようになり、そのことを実感する。中村が生涯会った人の中で、俊輔ほど考えの深い人はいない。俊輔が二〇一五年に世を去った後も、様々な問題が起こるたびに、「俊輔さんなら、どんな風に考えるだろうか」と、今も思うことがよくある。

一九七六年晩秋、中村は軍事クーデターによって、日本に避難してきたマルクス経済学者であるタイ社会党中央委員のタウィー教授（タンマサート大学）ら数名と出会い、彼らの在留を支える方法に苦慮していた。その時、ベトナム戦争時に米軍人の脱走兵を匿った経験のある俊輔に相談しようと、田中宏とともに訪ねて行った。俊輔は「匿うような難しい仕事をすると、人間は他人に言いたくなるものである。口の軽い奴はダメだ。それを見極めるのが大事だ。和子もよくやっていたが、良行に聞いてみたらよい」と言った。和子は自分の暮らすアパートの一室に、身長二メートル近い大男の黒人兵を匿った経験があった。

中村が最初に良行と会ったのは、アメリカ人のマーク・セルデンという研究者に、武蔵境の良行宅に連れて行かれたのがきっかけである。英語の達者な人だという印象があるだけで、それ以上のことはあまり覚えていない。

タウィー教授の件では、田中宏とともに良行が勤める六本木の国際文化会館を訪ねた。良行は、通産省の御用団体に勤める中村に対して、何の疑念も示さず、気取りもためらいもなく「信頼できる人間の輪を作ることがどんなに大切か」と話した。当時の良行は、地球儀片手に革命の戦略を立てるような人ではなかったが、まだ市民運動の几帳面な活動家という風貌を持っていた。しかしアジテーションに熱心な革命家でない分、頼りになる相談相手であった。この日から、中村と田中は良行サークルに仲間入りすることになった（中村尚司「鶴見良行の仕事とその方法」）。

それ以来、良行と中村の、濃密な付き合いが始まった。本章の冒頭でも触れたように、中村に対するバッシングの際には、良行が「テレビとエビ」を書いて擁護することに繋がっていく。

一九八二年、中村は、良行から「エビの研究会にぜひ入ってくれ」と誘われ、参加することにした。良行に擁護してもらったことに、恩義を感じていたこともあったのだろう。

「エビ研究会」は、アジア太平洋資料センター（PARC）に発足した研究部である。エビ研は、一九八一年に鶴見良行をはじめ村井吉敬《よしのり》、内海愛子、福家《ふけ》洋介のメンバーで、まずインドネシア班がスタートした。翌年に中村らが加わり、インド・スリランカ班ができる。次に、日本班も結成され、エビ研は総勢二〇名ほどに成長した。エビ研の共同研究の成果は、村井吉敬の『エビと日本人』（岩波新書）として纏められている。

一九八四年三月、中村はバッシングのあと混乱が続く、アジ研を退職することにした。四五歳を過ぎると、研究者として新しいことができないという気持ちもあった。

転職の候補には、関東を中心にいくつかの大学が挙がっていた。最初に声をかけてくれたのが、地域主義研究集談会でよく知る、法政大学の清成忠男教授であった。そのことを玉野井に相談すると、明治学院大学に来ないかという話になった。師である玉野井の勧めもあり、明学大に就職する意向を固めたところで、父進三が脳溢血で倒れ、長期入院となった。

一九六一年の就職以来、長く京都を離れていたこともあり、両親の世話は兄や姉、妹に任せっぱなしだった。この機会に、自分が京都に戻り面倒を見たいと考えるようになった。結局、明学大には新学部準備委員会で一緒だった多田道太郎（一九八八—九〇年に明学大教授）を通じて、辞退することを伝えた。

関西への転職を模索する中で、最初に話があったのが大阪市立大学（現・大阪公立大学）であった。恩師の尾崎彦朔教授がいた大学であるし、知り合いが何人もいたこともあり、就職を前向きに考えた。だが大阪市立大学は大阪市の最南部で、大和川を越えると堺市である。京都から通うとなると非常に遠い。悩んでいたところに、龍谷大学への誘いが坂本慶一から舞い込んできた。

一九七一年、龍谷大学経済学部で地域経済論を教えていた坂本慶一が、京都大学農学部教授に転じるにあたり、後任に農水省の元官僚で、当時京大農学部の助手であった祖田修を龍大に自ら招いた。その後、京大農学部長になった坂本は、祖田に京都大学で農学原論を担当してほしいと招聘しようとする。しかし龍大経済学部の教員からは、まるで京大の植民地のようだ、と不満の声が上がる。そのとき坂本は、「祖田より、もっと立派な学者を連れてくる」と約束した。そうして坂本慶一が声をかけたのが、中村だった。

一九七九年、東大を定年後、沖縄国際大学に赴任していた玉野井芳郎から、石垣島の白保で計画されていた空港建設の反対運動に加わってほしいと、中村は懇請される。ちょうど貯水灌漑システムの調査で、スリランカに長期滞在中だったことから、本来なら日本に戻ることは困難である。しかしアジ研の規定では、親が死ぬか、博士号を取得する時だけは、任地を離れることができる。そこで博士号を取ることにした。

中村は京都大学文学部の出身であるが、大学院には進んでおらず修士号も博士号も持っていなかった。アジ研に就職後、スリランカの調査に赴任した時も、セイロン大学大学院に籍を置いたものの、学位の取得に関心はなかった。あくまで、フィールドの調査に明け暮れる日々だったのだ。

中村は玉野井が懇意にする坂本慶一（当時京都大学農学部長）に、『共同体の経済構造』の英語版である"Accumulation and interchange of labor"を送り、論文博士を取ることにした。京大では論文に関する口頭試問に加えて、英語と独語の試験があった。中村は試験のために日本に戻り、その後石垣島に移動した。結果的に、京大の農学博士号を取得することができた。坂本との縁は、こういうところにもあったわけである。

就職を思案していたとき、龍大経済学部教授の大塚圭介や大津定美《さだよし》が、何度かアジ研にやって来て、「あなたは斬新な研究をしている。ぜひ龍谷大学に来てほしい」と、熱心に誘われたこともあった。一九八四年四月、熟慮の末に、中村は龍谷大学経済学部教授に就任した。

同じ時に、龍大経済学部に教授として着任したのが、法人資本主義の研究で著名な奥村宏であった。まさに打てば響くような人で、書く文章も非常に良い。彼とは経済学部で一番仲が良かった。奥村の奥さんが運転する車で、ドライブに連れて行ってもらったこともある。当時、龍大経済学部のスタッ

インドネシア・アラフラ海・アル諸島。1988年８月24〜26日
アル諸島のドボは、戦前からサメ漁や白蝶貝、真珠貝の採貝拠点で、日本人の入植者が多く、かつては日本人町もあった。いまも日本人墓地が残っている。ほとんどが和歌山県牟婁郡からの出稼ぎであった。現地ではその末裔とも出会った。また古くから、たくさんの華人が暮らしている。フカノヒレ、ツバメノス、ナマコなど、中華料理の高級食材を扱う華人の商人が多い。鶴見良行によると、アル諸島の干しナマコはドボに集まり、ウジュンパンダンを経由して香港の有名な海産物問屋街である南北行に集まるという。中村たちは、乾物を保管する倉庫に案内してもらい、商品を見せてもらった（鶴見良行撮影、立教大学共生社会研究センター所蔵、© 学校法人立教学院）

フは非常に充実していたといえる。

一九八三年、鶴見良行らエビ研究会の仲間たちは、南スラウェシの浜辺でみた夢があった。そのころ、会のメンバーは、日本へ輸入されるエビを追って、フィールド調査を続けていた。インドネシアのタナベル村一帯は、浜造船が盛んで木造船が青写真も使わず造られていた。七枚帆のピニシ型船は、木造輸送船としてアジアで名高い。こんな木造船で、仲間たちとアラフラ海を航海してみたいと、夢を描いていたのだ（鶴見良行『アラフラ海航海記』）。

一九八七年一二月に、ヌサンタラ・スタディ・グループ（インドネシア群島研究会）を結成し、航海の具体的な計画を立て始める。そして、一九八八年七月二七日に、村井吉敬隊長のもと、ウジュンパンダンを出航し、三五日間の航海に乗り出した。東インドネシアの辺地をめぐる良行サークルの、実に幸せなひとときであった。二〇歳代から六〇歳代までの十数名の仲間が一五〇トンの機帆船チャハヤ号で起居を共にし、それぞれの立場から、「歩く、見る、聞く」調査をし、毎日のように発見を報告しあうことができた（中村尚司「鶴見良行の仕事とその方法」）。

中村には、この旅においてある目的があった。「東京を捨てて辺地に住みたい」と常々言っていた良行をそそのかして、龍谷大学に来てもらうよう、航海中に口説きたいと考えていたのだ。しかし良行は、関西に移ることに、あまり乗り気ではなく、北海道に住みたいという希望を持っていた。北海道には友人の哲学者花崎皋平《はなざきこうへい》がいたことが、その理由であった。小樽辺りがよいと考えていたという。

京都に行くことに難色を示したのは、他でもない鶴見俊輔がいるからでもある。良行にとって、従姉兄の和子と俊輔は、まさにアンビバレントな存在だった。親族だからといって、特別な親交を結びたくない。逆に言えば、それだけ意識せざるを得ない大きな存在だったのである。

良行ほど、自分の門地門閥を背景にして、社会的な活動をすることを嫌った人はいない。中村は、良行のそんな気風を目撃したことがある。龍谷大学社会科学研究所で開催された研究会に出席した、ある高名な経済学者が、休憩時間に隣席の良行に向かってこんな風に話しかけた。「鶴見さん、あなたと私は遠い親戚になりますよ。私の家族は、後藤新平の親戚なんです」。すると良行は即座に、「後藤新平には、駅の数と同じくらい妾がいたそうですからね」と答えた。当然、その場は白けてしまった。その経済学者はプイと横を向き、部屋を出て行ってしまった。その後、彼は二度と中村たちの研究会に姿を現すことはなかった。

中村は「どうして、そんな酷い返事をしたんですか」と尋ねた。すると「おれは、自分の家系を自慢するような人間が大嫌いでね」と、答えたのだという(中村、同上書)。

鶴見良行は旧制高校時代から、俊輔に私淑していた。東京大学に入学した一九四九年に、俊輔が中心になって組織した「思想の科学研究会」に入会している。大学一年生の良行が、都留重人、丸山眞男、竹内好《よしみ》、中村元《はじめ》、武谷三男、渡辺慧《さとし》など当時の代表的な知識人に伍して、新しい思想の世界を拓こうとしたわけではない。良行は、事務局で俊輔の補佐役として、会議にお茶を出したり、研究会の記録を取ったりする仕事を引き受けていた。特に、良行が作る料理の評判が、参加者の間では高かった(中村、同上書)。

一九五二年五月、安武千代子と結婚した。俊輔は、結婚の申し込みを良行から託されて、千代子の両親のもとを訪ねた。その時の両親の返答がはっきりしたものではなかったので、良行は俊輔のきりだしかたが、不良性をおびていたからだと怒って、手紙を送ってよこした。だが結局、両親は二人の結婚を承諾した。この結婚は、良行の生涯で最も成功した事件であり、彼の仕事の質をつくった、と俊輔はいう。

ところが結婚の三か月後、良行は重症の肺結核を患い、二年間の病気療養生活に入ることになり、肺切除の手術も受けた。大学卒業後も思想の科学研究会の事務局を引き受けていたが、アルバイトでは長期にわたる療養費を出すことができず、父鶴見憲の世話になることになった（鶴見俊輔「この道」鶴見良行著作集1『出発』解説）。

闘病から回復した一九五五年、国際文化会館に就職する。一九六四年には、同会館の企画部長になるが、米国から超一流の知識人を招くなど、アメリカ一辺倒の活動にだんだんといら立ちを覚えるようになる。もっと庶民的な交流活動はないか、アメリカ以外の第三世界の人びとを招けないかと考え、アジアの知識人との知的交流事業に力を入れるようになった。

一九六五年二月、アメリカは北爆（北ベトナム爆撃）に踏み切り、以後一〇年続くことになるベトナム戦争へと拡大していく。同年四月、東京の芝で、アメリカの軍事行動に反対する市民反戦集会が開かれ、これがそのままべ平連（「ベトナムに平和を！市民連合」）に発展する。良行もこの集会に参加し、二か月後にベトナムのサイゴン（現・ホーチミン）経由で渡米した。ハーバード大学の国際セミナーに参加するのが目的だったので、別にサイゴン経由で行く必要はなかった。しかし、アメリカから旅費を貰って行くのだから、そのついでにベトナムの地を踏んでおきたかったのだった。良行はこのときサイゴンで、グエン・バン・チュー（ティエウ）＝グエン・カオ・キ政権による三人目のベトコン公開処刑を眼前にした（鶴見良行『東南アジアを知る』）。

捕えられていた民族解放戦線のゲリラ兵士がマーケット広場で公開銃殺された。黒い眼かくしをされた兵士は、一斉射撃の火がふくまでの十数秒、独特な抑揚でかん高く何事かを叫んだ。かれは「ホー・チ・ミン万歳、アメリカ帝国主義打倒」と叫んだのである。広場の廻廊にひっそりとたたずんでいたサイゴン市民は、それでも声もなく散っていった。

あのときの兵士の叫び声とひっそりした民衆の姿を、私はおそらく一生忘れないだろう。

（鶴見良行著作集4『収奪の構図』）

良行はこれを機に、エリート主義や欧米中心主義から切れていった。以後、良行は東南アジアを、それも首都ではなく、辺境を精力的に歩くようになる。八〇年代に入り、その成果は驚くべき勢いで作品化されていくことになった。

一九八一年、良行は出版したばかりの『マラッカ物語』を小脇に抱えて、中村のいるアジ研の研究室に「中村さん、こんな本出したんだよ。ちょっと見てくれ」と、勢いよく駆け込んできた。「おれはきみたちのように研究学問で飯食ってる人間じゃない。学者じゃないから歩いて書いてる。だから、考証学的な面では少し抜けているかもしれないけど、きみたちには書けないものを書いたよ」という。そんな良行の語り口は、民間学者の気概と自負に満ちていた。大学や研究機関に所属しない、民間学者でもこんな仕事ができると、言いたかったのだろう。だが『マラッカ物語』の文献リストを見たら、ものすごい分量である。シンガポールやマレーシアの研究をしている人に見せても、「いやー、人の気がつかない資料まで見てますね」と、驚いていた（中村尚司「鶴見良行の仕事とその方法」）。

「アフリカは決してわれわれに遠い世界ではなく、身近かな世界であり、しかもわれわれにいろいろのことを反省させてくれる世界である」（『あるくみるきく』107、日本観光文化研究所、1976年１月）と宮本常一は記した（タンザニア、キリマンジャロ南麓、チャガ族の農村で1975年７月、伊藤幸司撮影）

良行は、元々私淑する丸山眞男の文体をまねていた。しかしどうにも身につかない。次に柳田國男の文体を参考にするが、やはり性に合わない。そして、ようやくたどりついたのが、宮本常一の文体であった。「この人は歩きながら書いている。オレも歩きながら書こう」と、宮本の文章を手で写しはじめた。結局、良行の文体が確立したのは、五〇歳代に入ってからである。良行は、宮本常一の手法に、輸入学問から決別し、民衆の学問を築く可能性を読み取っていたのだった。

中村は宮本常一と、よく研究会で一緒になることがあった。一九七〇年代の末頃、中村は東京外国語大学アジア・アフリカ言語文化研究所の三木亘に招かれ、「アジア・アフリカのイスラム化と近代化に関する調査研究」に、共同研究員として参加していた。イスラム研究者ではないのに、この研究プロジェクトに参加していたのは、宮本常一と中村だけだった。研究会の席で、宮本の人柄と仕事に接して驚いた。肩肘はらない平明な語り口とリズム感は、そのまま市井の生活に対応する。生活をまるごと捉えてしまう宮本の仕事に接すると、自分の書いた論文や書物がまるで壮士芝居のように、実生活と無縁なところで悲憤慷慨しているだけに感じられてつらかった

中村は、同プロジェクトから退き、良行を共同研究員に推薦した。良行が書かれたものを通じて師と仰いでいた、宮本から直接学ぶチャンスであった。しかし、宮本が体調をこわす時期と重なり、直接的に論じ合う機会はほとんどなかったようである（中村尚司「ナマコの眼で世界を見る」鶴見良行著作集9『ナマコ』解説）。

一九八九年四月、鶴見良行は龍谷大学経済学部教授に就任した。龍谷大学大学院経済学研究科に民際学研究コースを開設したいという、中村の誘いに乗って、東京を捨てて京都に移ったのであった。

良行は京都に来たものの、俊輔の暮らす岩倉のような、お公家さんが住みそうな、取り澄ました場所に住居を構えるのは嫌だった。龍谷大学深草キャンパスが、洛北からすると対極の伏見にあるのも、マージナルにこだわる良行にはよかったのかもしれない。結局、京阪宇治線の桃山南口駅近くで暮らすことにした。良行の心境をよくあらわすエッセイがあるので、少し引用してみよう。

（坂口──引用者註）安吾は、戦後の数年、お稲荷さんの棲む伏見深草の場末に沈潜していたことがある。かれの宿は、碁会所で、近くの隠居やその日稼ぎの職人やしがない博打うちなどが出入りする。『古都』

は、この碁会所の女子高生が健気にも駈落ちする話である。

安吾の『古都』は、私たち夫婦が伏見深草に引越すと知って多田道太郎氏が教えてくれた。かれがなぜ『古都』を教えてくれたのかは知らない。しかし稲荷境内に住んでみると、安吾がこの土地を京都本流でもなく大阪本流でもない場末と感じながら、あえてここを古都と表現した、その逆説に感心する。『古都』という書名を案出することによって、安吾は、天皇制史観、畿内中心主義にたいする痛切な皮肉を試みた。書名の付け方に、網野（善彦―引用者註）氏と一派通じるものがある。

（鶴見良行「お稲荷さんで読んだ本」鶴見良行著作集10『歩く学問』）

一九八〇年代以降、多くの人が良行の著作に引きつけられた。経済開発から蹴落とされた辺地の少数者や先住民へのまなざしが、とりわけ若者たちの共感を呼び、直接学びたいという人たちが、良行サークルに大勢押しかけ大盛況となった。バナナ、エビ、ナマコなど、良行の一連の仕事に引きつけられた若者たちのうねりは、かつての大学闘争を想起させるほどの熱気を帯びていた。

良行が龍谷大学に着任してからは、大学院のゼミを中村と二人で二講時分続けて行うことにした。ゼミには、他大学の人たちや、良行のべ平連時代の友人らも参加するなど、非常に賑やかになった。この合同ゼミが、京都での良行サークルを誕生させることにつながる。ゼミのあと、若い人たちと大学近くの喫茶店やうどん屋で、ビールを飲みながら遅くまで話し合った。これこそが、鶴見ゼミの本領である。若者たちは、そうしながら鶴見の歩く学問を学んでいったのである。

良行はいつも口癖のように、「大学の中にホンモノの学問はない」といっていた。中村はそれを聞きながら、いつも気のない相槌でごまかしていた。学問とは、人間の暮らしに必要なことがらや方法を見つける営為である。そのように理解すれば、中村もほぼ同感であった。

国家が制度化した大学には、国家のための学問しかない。良行が言いたかったのは、「国家意思の形成や公権力の行使に関心を持たない人じゃないと、ホンモノの学問はできない」ということだったようである。

（中村尚司「鶴見良行の仕事とその方法」）

一九九〇年八月、良行の食道と胃に別々の早期ガンが発見され、食道全部と胃の三分の二を摘出した。伏見区の国立京都病院（現・国立病院機構京都医療センター）で手術をし、約五か月間入院することになる。若い時に結核を患っているせいで、両肺とも石灰化しており、手術は難渋を極めた。術後も、水や固形物を口から一切摂ることができず、三か月以上も強化栄養剤の点滴だけで生きのびた。その結果、ガンはずいぶんよくなったが、体力はめっきり衰えてしまった。

手術は成功したとはいえ、ダンピング症候群などの後遺症が残る。上部の消化器官を切り取ってしまったせいで、食後は一時間ほど横になって身体を休めないといけない。さらに厄介なことに、小腸の一部を切り取りつなげた代用食道のせいで、食物が詰まりやすくなった（「病後の旅」鶴見良行著作集10『歩く学問』）。

しかし驚くべきことに、翌九一年三月には、妻千代子と東南アジアへの一〇日間の短期試験旅行に出る。だが千代子の助けがないと、歩くのにも苦労した。幸いこの旅がうまくいったので、次に八月から九月にかけて四〇日間、夫婦でタイ、マレーシア、シンガポールにヤシの調査旅行に出た。

九四年夏には、夫婦でインド洋の珊瑚礁ココス島に行く。そこからマレーシア領サバの州都コタキナバルに移った。華人が多く、中華料理の旨い店もあり、良行は野菜炒めがたくさんのった伊府麵《イーフーミエン》を

1994年12月に鶴見良行が世を去り、中村は葬儀委員長を務めた。翌95年初頭、中村を慰労するため、鶴見俊輔は祇園で一席を設けた（左が俊輔、右は良行夫人千代子）

食べていた。ところが、しいたけが喉に詰まってしまった。手術後、日常的に同様の経験をしているが、たいてい一五分から四時間で食物は大腸に落ち、詰まりは解消される。しかし、このときは六日間我慢するがしいたけは落ちず、国立京都病院の主治医に診てもらうため、急いで京都へ飛んで帰った。飲まず食わずだったこともあり、脱水症状でよく歩けず、空港では車椅子に乗った。やっとの思いで、病院にたどり着き、内視鏡でしいたけをつまんで取り出し、なんとか助かった（「しいたけ城と大恐龍の攻防」鶴見良行著作集10『歩く学問』）。

良行は、この時を含めて、九四年に三回もココス島への調査旅行をしていた。病を押して、常識では考えられないような無理をしていたというしかない。何かに憑かれたように、アジアへの旅に出て、調査をして歩いていたのだ。

このような無理が、良行の寿命を縮めたのかもしれない。一九九四年一二月一六日未明、自宅の風呂場で意識を失い倒れているのを、千代子に発見される。すぐに千代子は、近くに住む中村に電話をした。中村は、急いで駆け付けたが、すでに息絶えていた。享年六九だった。そのときすでに、警察関係者が室内に入り、横たわる良行の検視作業が始まろうとしていた。

前夜、講義が終わり帰宅後、夜食をつくり酒を飲んだ。それから風呂に入ったのがよくなかったのだろう。もちろん病後のさまざまな無理が、体力の消耗に拍車をかけていたのは否めない。

病気になると、残りの人生がどれくらいか考えてしまう。良行には、焦りもあったのだろう。「ホンモノの学問」を突き詰めるために、千代子に助けてもらいながら、やせ細った足で、これまで以上に歩こうとした。生き急いだというしかない。

鶴見良行の残した学問的遺産は巨大である。しかし志があれば、誰もができる簡単な学問ではない。そうした貴重な遺産を、残された者がどうすれば継承できるのか。難問ではあるが、私たちが歩いて、考えるほかなさそうである。

第九章　在日外国人の苦闘

一九八四年四月、中村尚司は龍谷大学経済学部教授に就任した。翌年の一九八五年春、龍谷大学経済学部大学院博士課程に入り、中村の初代ゼミ生になったのが、スリランカ人留学生のラタナーヤカ・ピヤダーサ（一九五一年生）であった。

ピヤダーサはスリジャヤワルダナプラ大学を卒業後、ケラニア大学の教員として二年間勤め、次にスリランカ貿易省の輸出開発局に勤務したあと、日本への留学試験に合格する。一九八二年、文部省（現・文部科学省）国費留学生として来日し、大阪外国語大学（現・大阪大学）で半年間の日本語研修を受けた。続いて東京大学大学院修士課程（農業経済学科）の入学試験を受験する準備をしていたが、苦労したのが日本語をマスターすることだった。東京大学での入学試験は、日本人学生と同じ日本語のみで実施されていたことから、「自分の日本語能力では、試験問題さえ理解できない」と、中村はピヤダーサから相談を受けた。大学院における研究活動は、英語でできると思っていただけに、ピヤダーサは戸惑いを隠せぬ様子だった。

当時、文部省予算による国費留学生の大半は、大学院生であった。アジアなどの発展途上国を中心に年々増えて、一九八二年度は一一〇〇人に上っていた。これらの学生は、たいてい本国で激しい競争の留学生試験を受け合格し、来日する前に専攻分野に従って、受け入れ大学を決められる。しかし彼らは日本人学生のように、複数の大学院を受験できず、文部省の割り当てた大学院の入試に合格しなければ、研究生として二年間過ごすだけである（中村尚司『人びとのアジア』）。

ちょうど中村は、読売新聞文化欄のコラムを引き受けていたこともあり、「留学生に酷な入試制度」を寄稿した。

この入学試験を、いまだに日本人学生と同じ形式で、日本語で行う大学が少なくない。（中略）せっかく、出身国の大学で優秀な成績を修め、選考試験に合格して来日しても、入学試験に落ちて修士課程に入学できない留学生が出る。そうすると、研究生として大学に籍を置くことができるだけで、単位は認定されず、修士論文を書いても受理されない。

たとえば、東京大学では「生徒証」という身分証明書が発給されるにすぎない。東京大学の留学生は千葉の留学生寮に部屋を割り当てられるが、この「生徒証」では、駒場や本郷へ通うための定期券さえ購入することができないのである。自分の母語で入学試験を受けるのは無理としても、せめて英語か仏語でしてもらえないか、という留学生の声がアジア学生文化協会によせられている。

日本の大学を卒業して、タイやインドへ留学する学生が、もし六か月の語学教育だけで、タイ語やヒンディ語で大学院の入学試験を受けなければならないとしたら、はたして合格できる人がいるだろうか。このような不合理をアジアの留学生に押し付けていては、教科書問題では文部省を攻撃している大学の先生方も、自分の足もとで反日運動の芽を育てることにならないだろうか。

（読売新聞夕刊、一九八三年一月三一日）

この記事に対して、東京大学の事務局から抗議があった。中村は「せっかくの機会だから紙上で公開討論しましょう」と答えたが、結局実現しなかった。

中村は、その頃住んでいた千葉県船橋市の自宅に、週末ごとにピヤダーサに来てもらい、彼の受験勉強を手伝った。猛勉強の末に東大大学院に合格し、二年後には数百枚に上る修士論文を日本語で書くまでに、表現力は向上した。

そうするうちに、中村はアジ研から龍谷大学に転職することになった。ピヤダーサは、非常に優秀な成績で東大修士課程を修了したのだが、博士課程は中村のいる龍谷大学へ移りたいと希望した。当初、文部省は難色を示すが、結局国費留学生として龍谷大学に進学することができた。博士論文の完成までに五年間を要したものの、一九八九年に博士課程を修了し、佐賀大学経済学部の教員として採用された。九七年には経済学部教授になり、二〇一七年の定年まで勤めた。

近年、大学の国際化は、ピヤダーサが留学したころと比べて、ずいぶん進んだのは確かであろう。一方、日本の農村は、ある意味大学よりも国際化が進んでいたといえるのかもしれない。

日本の農家では、長男が後継ぎとして家に残り、両親の世話をすることが一般的である。決して農業に魅力を感じているのではなく、土地資産を護持するために、村を離れられない現実がある。

しかし娘は、農家を離れて都会に出ていく。たいていは会社に勤めて、そのままサラリーマンと結婚して、町で暮らすことになる。農村の両親も、そんな現実をむしろ歓迎している風である。こうし

ラタナーヤカ・ピヤダーサとゴービンナゲー・パドゥマ・ペレラは、1985年6月に龍谷大学深草学舎の礼拝堂である顕真館で仏前結婚式を挙げた。1984年3月に竣工したばかりの顕真館で、初めての挙式であった。新郎新婦の両隣が、千葉乗隆龍谷大学学長（当時）夫妻、前列左から四人目は介添役をつとめた禮子。右から六人目はN.シャンムガラトナム（ノルウェー農業大学教授）、その左後ろが中村。

て、農村社会では、男女の比率が不均衡になり、結婚適齢期の女性の人口減少が深刻になっていく。農村に若い女性がいないことから、地元自治体が都会の女性と集団見合いを企画したりして、出会いの場を作るのに躍起であるが、成果に結びついていない。打開の手段として選ばれたのが、アジア人花嫁（日本人は含まない）の導入であった。

当初、過疎地の国際化は、自治体や農業委員会などが先導した。山形県朝日町の事業として、最初のフィリピン人花嫁集団が来日したのは一九八五年である。朝日町の成果が広く報じられたこともあり、結婚相手の不足に悩む過疎地の自治体は、こぞって海外からアジア人花嫁を迎える計画を立てた。そんな成果を見て、私企業がアジア人花嫁の「輸入」に参入し始めた。商品として「アジア人花嫁」を扱っている業者は、一九九三年の時点で一〇〇〇社を超えるとみられた。

こうした業者の営業政策はいくつかの種類があった。一つは、結婚相談業をそのまま踏襲した、会員制度による仲介である。日本人女性と何度見合いをしても、婚約に至らなかった男性に、「輸入」花嫁候補との見合いを勧める。長男の農業後継者や低学歴の労働者、心身に障害をもち社会的な差別を受けている人などが、主な対象であった。

もうひとつが、過疎地の自治体などに、南国女性の「素朴さや、優しさ」や「妊娠率、出生率」等の実績を強調したパンフレットを送り、見合い希望の男性を「アジア人花嫁」の展示場へと案内する形態である。その際、婚姻に必要な手続きを説明し、代行もする。

三つめは、夕刊紙の風俗欄などマスメディアに、繰り返し広告を出して、結婚希望者を募る方式である。過疎地では三五歳を過ぎたり、「チビ・デブ・ハゲ」の男性は、日本人女性と結婚できないと危機感をあおり、「輸入」花嫁との結婚を勧めるのである（中村尚司「アジア人花嫁の商品化」）。

ここで問題なのは、本来結婚という行為が、人と人とのつながりを前提とするものであるのに対して、これら業者による営業には、全く人間性というものが感じられず、「アジア人花嫁」が単なる商品として扱われているところである。

そんな女性の「商品化」が、やがて問題化していく。中村が最初に当事者からの相談を受けたのは、一九八六年九月のことだった。二人の若いスリランカ女性が、コロンボ滞在中の中村を宿舎に訪ねてきた。シンハラ語の新聞を手にして、「日本の医師やエンジニアが、スリランカ女性との結婚を希望しているという話は本当ですか。本当なら、私たちも日本へ行きたいと考えています」という相談だった。その新聞を読むと、長野県上田市にある日産自動車のエンジニアが、シンハラ女性と結婚したと、写真入りで報じられていた。「たしか上田市には、日産自動車の工場はないはずですよ。慌てて決めないで、慎重に考えたほうがよいでしょう」と中村は答えた（中村尚司『人びとのアジア』）。

同じ頃、京都にいるピヤダーサのところに、長野県で暮らしているという、見知らぬスリランカ人女性から電話があった。話を聞くと、電気部品の工場だと紹介されて、日本に来てみたら、結婚しろといわれて困っているという。その人だけでなく、多くのシンハラ女性が同じ境遇に置かれて、大変な苦労をしているようである。ピヤダーサは、日本に帰国した中村に、長野県でスリランカ女性に対する人権侵害問題が発生しているようだと相談した。

スリランカで見習い看護師だったプリヤーニは、「日本で三か月間のコンピュータ研修を受けた後、スリランカにある日本との合弁会社に勤務できる」という新聞広告に応募して、コロンボでT結婚相談所長N氏の面接を受け、採用される。

一九八七年九月、彼女は来日するが、すぐにN氏にパスポートを取り上げられ、T結婚相談所がある長野県上田市に連れて行かれ、日本人男性との集団見合いを強制されることになった。彼女が、見合いに参加するのを断ると、来日費用を返済しなければ、パスポートは返さないとか、警察に訴えるなどと脅迫された。それでも応じようとしないことから、ほかのスリランカ女性から隔離し、食事の量も減らされ、シャワーも浴びさせないなどの虐待を受けた。

プリヤーニだけでなく、拒否していた他のスリランカ女性たちも、同様の虐待を受けた末に、結局全員が集団見合いに参加することになった。しかし見合いの方式は、屈辱的なものだった。会場の大広間に、スリランカ女性が番号札をつけて並び、そこに日本人男性が一人ずつ入ってきて品定めをし、気に入った女性を一方的に番号で選択する方式だった。

結婚する意志のなかったプリヤーニは、初日に四人の申し出を断り、翌日に二人を断ったところで、A氏が現れた。東京在住で五〇歳を超えた初婚のA氏は、執拗に彼女に結婚を迫った。N所長は、彼女が拒否した場合に生じる請求金額を電卓で計算し、突き付けるなどして、結婚を強要した。彼女は請求額を支払うことなどできないし、断ればさらに虐待行為を受ける可能性があることから、結局A氏との結婚に渋々同意した。二人はスリランカに行き、コロンボのホテルで式を挙げた。A氏は婚姻斡旋の成功報酬として、N所長に一〇〇〇万円を支払ったという。

不本意な結婚であったが、プリヤーニはいったん一緒になったからには、ちゃんとした家庭を築く責任があるという思いがあった。日本に戻ってからは、食事も一所懸命に作るなど、新しい生活に慣れるよう努力した。ところがA氏は、彼女に対する配慮に欠けていた。日本語を勉強するため日本語学校に通いたいと頼んでも、全く取り合わなかった。

半年後、妊娠の兆候がないなどの理由で、プリヤーニはA氏から離婚届に署名することを突然求められる。彼女は、この理不尽な要求に同意しなかった。それからは、執拗に離婚を要求され続けることになる。

そんなとき、闘病中であった父親の容態が悪化したとの連絡が入り、プリヤーニはスリランカに一時帰国しなければならなくなった。その間に、A氏とN所長は共謀して、彼女の署名を偽造した離婚届を都内の区役所に提出した。そして、A氏は同所長の斡旋する別のスリランカ人女性と再婚したのである。

プリヤーニは帰国後すぐに、成田空港からA氏に電話をした。ところが新しい結婚相手が電話に出たので仰天する。A氏の家に戻れなくなった彼女は、やむなく茨城県にいるスリランカ人の友人宅に身を寄せざるをえなくなった。さらにA氏が離婚届を提出していることから、配偶者ビザも失い、短期滞在のビザを繰り返し更新する不便を強いられることになってしまった。N所長とA氏らによる一連の行為は、極めて悪質な人権侵害である。

一九八八年一二月、中村は長野県在住のシンハラ女性から、プリヤーニが偽造離婚届を夫に出されてしまい途方に暮れているという相談を受けた。さっそく本人に会って話を聞いてみると、N所長らの不法行為をやめさせるために、訴訟を起こしたいという希望を持っていた。彼女はこの事件をきっかけに、アジア人女性をまるで商品扱いするような違法行為が、今後起こらないようにしてほしいと訴えていた。

プリヤーニに対する人権侵害事件は、離婚届の偽造を、警視庁に刑事告訴することから始まった。続いて、彼女は離婚無効確認を求める民事訴訟を、東京地方裁判所に提起した。さらに京都地方裁判所においては、結婚斡旋業者に損害賠償を請求する民事訴訟を起こした。

告訴のあと、中村は弁護士たちとともに、在日スリランカ大使館に行き、事件について詳しい報告をした。一九八九年五月には、同大使館のアルヴィス公使がおこなった、長野県におけるスリランカ花嫁調査に、中村は通訳として協力した。

同調査では、T結婚相談所長が「処女と結婚するのが日本の文化だ」といって、初期の花嫁候補たちに「処女膜無損傷証明書」を持参させていたことが判明し、同公使も日本人の人権感覚の低さに、驚きを禁じ得ない様子だった。

ところが、同じ女性を何度も結婚させ、そのたびに最低三〇〇万円の斡旋料が取れることがわかると、これまでの「文化論」を撤回して、離婚と再婚を繰り返させるようになった。公使が訪問した家庭の場合、一七歳の妻に対して、一年半の間に三回結婚させ、夫には二回結婚させていた（中村尚司、同上書）。

中村は、プリヤーニを支援する運動を始めようと考えるが、個人の力では限界がある。そこでタカラブネ労組が設立した、京都・アジア文化交流センターに助力をお願いすることにした。同センターは、「プリヤーニさんに生活の本拠を提供し、長期にわたる裁判を支える」と決め、彼女の人権が回復される日までという約束で、住居と食費を無償で提供し、軽労働の仕事も世話した。在留については、中村が身元保証人となり、「プリヤーニさんの人権を守る会」が発足する。

離婚届の偽造については、A氏とN所長の有罪が、一九九一年一〇月に確定した。離婚無効確認の民事訴訟は、一九九二年二月の判決で、彼女の主張が全面的に認められた。A氏とN所長に損害賠償を求めた京都地裁における裁判では、一九九三年一一月に、プリヤーニの訴えをほぼ全面的に認める判決が出た。判決理由として、裁判長は「日本人男性と結婚させる目的を隠して来日させ、見合いや結婚を強要したのは、人身売買にも等しい卑劣な方法であり、人道的にも許容しがたい違法行為である。原告が人生計画を狂わされ、甚大な精神的苦痛を受けたことは明らかである」と明確に述べた。一連の裁判では、松本輝夫（東京）、小山千蔭（京都）の両弁護士をはじめ、一〇名以上の弁護士が、結審するまでのあいだ無償でこの事件に取り組んだ（中村尚司、同上書）。

一九九一年三月、フィリピンから出稼ぎで来た女性がクモ膜下出血で倒れ、京都市内の病院に運ばれた。開頭手術を受け一命はとりとめたが、左半身不随の障害は残った。手術を受けたブレンダ（通称名）は、超過滞在の出稼ぎ労働者であり、四〇〇万円をこえるという高額の医療費はとても払えない。

ブレンダの窮状を訴える記事は、地元の京都新聞が報じたのを皮切りに、全国紙でも取り上げられ、反響が広がった。中村は京都新聞からコメントを求められ、ちょうど家に来ていた友人のシャンムガラトナム（ノルウェー農業大学教授）に意見を聞いてみた。すると、「在留期限が切れた外国人を治療できなければ、大変なスキャンダルだ。担当大臣の首が飛んでも不思議じゃない。オスロ空港に着いた瞬間から、医療に関する限り、外国人と内国人の差別はない。同じ人間じゃないか」と答えた。その言葉を日本語に訳して、記者に伝えた（中村尚司、同上書）。

翌日、龍谷大学社会科学研究所に客員研究員としてきていた、ランディ・ダヴィッド教授（フィリピン大学第三世界研究センター所長）にこの話をすると、ぜひ見舞いに行こうということになった。病院のベッドに横たわる彼女の声はか細かったが、発語に不自由はなく少し安心した。「医療費のことは心配しないで」というと、彼女は涙が止まらなくなった。

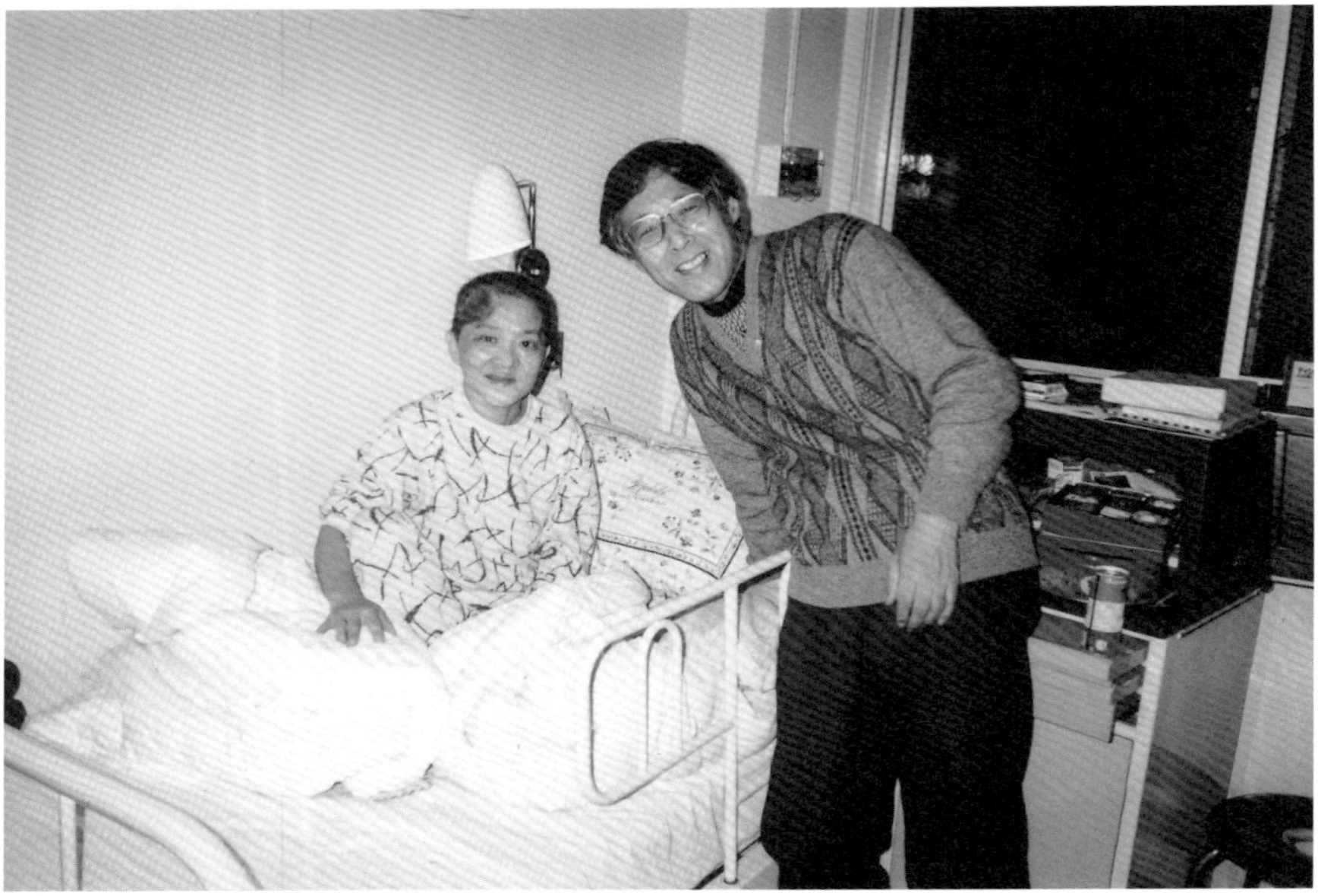

フィリピン女性ブレンダは、クモ膜下出血で倒れ、京都市西京区のシミズ病院で開頭手術を受けた。幸い一命はとりとめたが、左半身不随の障害は残った。1991年4月

それから間もなくして、「ブレンダさんの闘病を支える会」（略称支える会）が立ち上がった。当面彼女の医療費を集める募金活動を行い、長期的には制度的な外国人の医療扶助の実現を目標に掲げた。

中村は、小山千蔭弁護士にブレンダの件を、どのようにしたらよいか相談すると、生活保護を申請しようということになった。ブレンダから委任状をもらい、京都府八幡市の福祉事務所を訪ねたところ、同所長は定住者以外の外国人には生活保護を適用しないよう、京都府を通じて厚生省（現・厚生労働省）の行政指導を受けたという。緊急医療という、最低限の人権すらオーバーステイの外国人には保障されていないことに驚

いた。ついで京都府地域福祉課長に話を聞いたところ、厚生省の行政指導は、一九九〇年一〇月二五日に口頭のみで行われたようである。

口頭の行政指導が行われるまで、全国の自治体はこの問題についての基本的な通達である「生活に困窮する外国人に対する生活保護について」（一九五四年五月八日、社発三八二号社会局長通知）にしたがって、在日外国人の医療保護を行ってきた。この通知は、定住か非定住かの区別なく、生活保護は生活に困窮する外国人の最後のよりどころであることを明示している。こうした重大な政策変更が口頭で行われるのは、日本国政府の国際人権政策と矛盾していて、文書化できないからなのだろう。

一九九〇年一二月、第四五回国際連合総会では、「すべての移住労働者およびその家族の権利の保護に関する国際条約」を、日本を含む全会一致で採択している。第二八条には、「外国人労働者とその家族は、その国の国民と平等に処遇されることを基本にして、生命の維持と回復しがたい健康被害の防止のために緊急に必要とされる医療を受ける権利を有する。緊急医療は、その者の在留または就業が不正規という理由で拒絶されてはならない」と規定されている（中村尚司、同上書）。

国民健康保険に加入するには、外国人登録を行い、一年以上滞在しなければならない。健康保険制度から除外された短期の旅行者や超過滞在の外国人労働者は、高額の医療費を負担しなければならなくなる。しかし医療機関や自治体行政は、伝統的に医療における外国人差別を避けようとしてきた。一九九〇年一〇月までは、外国人の傷病者に対する実質的な差別は行われていなかった。

一九四六年九月に制定された「旧生活保護法」でも、内外人平等主義の原則を採り、日本国に居住する外国人に適用していた。旧法の施行のために出された旧基本通知において厚生省は、「本法による保護は、差別的または優先的な取り扱いをせずに平等に保護するものであるから、宗教的社会的または国籍等の関係で不利な取り扱いをなさないこと」と自治体に指示していた。（中村尚司、同上書）

一九五一年五月に改正された現行法には、生活に困窮する者をすべて無差別平等に保護する、というすぐれた内容が盛り込まれた。しかしこの改正法は、「すべて国民は、健康で文化的な最低限度の生活を営む権利を有する」という、日本国憲法第二五条を基礎としたために、保護の対象が日本国民に限定されることになってしまった。これは現憲法の排外主義的な側面である。第三〇条で、「国民は」と限定しながら滞日外国人にも納税義務を負わせている以上、他の条項についても内外人平等主義に向かう必要があるだろう（中村尚司、同上書）。

幸い術後の経過は順調に推移した。リハビリを経て病状は安定していき、一九九一年八月にブレンダは大阪空港から自費出国した。

「支える会」に寄せられた募金額は、三六二万円に達したが、医療費については赤十字精神をもとに、病院側が負担するということになった。諸経費を差し引いた残金の二五七万円は、滞日外国人の急迫医療費に充てることになった。

ブレンダの帰国とともに、「支える会」はひとまず解散した。だが、日本社会を縁の下で支えているのは、ブレンダのような外国人労働者であることを忘れてはならない。

「支える会」の有志たちは、戦後四五年以上も適用されてきた医療扶助を、今後も続けるよう求めるために、「ブレンダ事件を端緒に、非定住的な外国人の急迫医療と生活を考える会」（略称「ブレンダ会」）を発足させている。

第一〇章　外国人政策懇話会の創設

先述した通り、私は一九九九年から、龍谷大学の大学院に進み研究を続けていた。二〇〇二年に修了後も、特別専攻生として大学院に籍を置き、毎週ゼミに出席していた。

二〇〇七年五月、台湾大学で旧日本軍による韓国、中国および台湾における性的被害者への戦後補償問題を考えるシンポジウムが開催された。それに合わせて、中国人強制連行に対する戦後補償を求める運動を続ける林伯耀《リンハクヨウ》や猪八戒《チョハッカイ》が、反日の武装蜂起があった霧社事件の現場を訪ねるツアーなどを企画していた。非常に貴重な機会であるので、田中宏、中村尚司らとともに、私もシンポジウムに参加した。

参加者の中に、北海道札幌市在住の画家志村墨然人がいた。志村は戦争中、事務員として勤めていた鹿島組発足《はったり》玉川事業所で発生した、中国人労働者に対する虐待や虐殺について、その事実を詳細な墨絵で描いている人だった。

現場となった発足《はったり》村（現・岩内郡共和町）は、積丹半島西南部の小さな農村である。村の東北部で建

「花岡蜂起・惨劇曼陀羅の図」志村墨然人画／花岡平和記念会所蔵

1945年６月、画家志村墨然人は当時勤務していた北海道の鹿島組発足玉川事業所で発生した中国人労働者に対する虐待や虐殺を目撃していた。戦後、「自分が記録しなければ、事実が永遠に消失し、忘れ去られてしまう」と、強制連行の実態を墨絵に描きつづけてきた。

一連の作品のなかで、「花岡事件」についても描いている。灯火管制下の1945年６月30日深夜、青森県に近い秋田県大館市において、住民を不安と恐怖に陥れる事件が発生した。同和鉱山の採掘と花岡川改修工事に連行使役中の中国人労働者800余名が、劣悪な環境のもと、日常的に加えられる暴力や侮辱に耐えかね一斉蜂起、実力行使に至った。これが今に語り継がれる「花岡鹿島組華労蜂起」である。直ちに、大舘警察署の知るところとなり、憲兵隊や地元各団体も加わる大捜索隊が、蜂起した華労の追跡に向かった。捕らえられた華労たちは、２人１組の背中合わせで砂利の広場に座らされ、憲兵や警察などから狂気ともいえる拷問や暴力が間断なく加えられた。周囲を取り巻く、何百という群衆が口々に侮辱し、投石を行った。彼らは、真夏の炎天下を、そのままの状態で三日三晩放置され、一滴の水、一片の食物も与えられず、際限のない残忍な加虐を受け続けた末に、多数が昏倒し絶命した。残忍極まりないこの大事件は、戦争中の厳しい言論統制下で秘匿され、広く知られるようになるのは敗戦後のことである。

志村は花岡における惨劇を実際に見たわけではない。しかし発足と同じ鹿島組による強制連行の地である花岡を訪ね、事件の様子を何回も聞き取り、自分自身の体験と合わせてこの絵を描いたのであった。

設中だった玉川鉱山（国策企業「帝国鉱業開発」傘下）の「選鉱場並鉱滓処理用沈殿池」造成工事を、一手に請け負っていたのが鹿島組であった。ここに多くの中国人労働者が、山東省済南から強制連行されてきていたのである。

志村は自らが目撃した出来事を、戦後長く心の奥底に封印してきたのであるが、一九六八年に発足村が原子力発電所の候補地に指定されたことで、考えを改めた。もしも原発が出来れば、中国人が重労働を強いられ、虐殺された場所が跡形もなくなってしまう。まだ記憶が鮮明なうちに、強制連行の実態を記録に残さなければ、事実が永遠に消失し、忘れ去られてしまうと、危機感を覚えたのであった（結局、少し離れた場所に泊原発として建設された）。

志村は、私に「龍谷大学で展覧会をしませんか」と強く訴えた。八五歳（一九二三年生）で高齢の志村は、生きているうちに書きためてきた墨絵を、すべて並べた展覧会を開きたいという、強い希望を持っていた。そんな思いに、なんとか応えなければならない。田中宏に相談すると、ぜひやろうということになった。

二〇〇九年春に、龍谷大学の定年を迎える田中にとって、学生に対する置き土産のような気持ちもあったのかもしれない。田中は、施設利用などについて大学の許可を取り、展覧会に合わせて行うシンポジウムの段取りは、猪八戒が中心となり計画を立てた。展覧会のチラシを作製した。その中にある呼びかけ文は次の通りである。

遺骨送還五五周年、人として忘れてならない歴史があります！

一八九四年から半世紀にわたって、日本軍国主義者の中国侵略により、中国人民はきわめてひどい災難を蒙り、日本人民も大きな損害を受けました。前のことを忘れることなく、後の戒めとする「前事不忘、後事の師」といいます……」。これは、一九七二年九月、日中国交回復時の田中角栄首相歓迎宴における周恩来総理のあいさつの一説です。その周総理は一年半の日本留学を終える際「雨中嵐山」(一九一九年四月)を残しており、日中国交正常化後にその詩碑が京都・嵐山に建てられたことはご存知の通りです。

この京都の北部、与謝野町(旧加悦町)の日本冶金・大江山鉱山には、主として河南省から強制連行された二〇〇人の中国人が重労働を強いられ、そのなかで一二人の命が失われました。その地に建つ「日本中国悠久平和友好之碑」では、毎年、京都府日中友好協会によって「日中不再戦・平和祈願祭」が行われています。

戦時中、日本国内の労働力不足を補うために約四万人の中国人が日本各地の一三五事業所に連行され、過酷な労働のなかで六八三〇人が生命を奪われました。当時、北海道の鹿島組玉川事業所の中国人収容所で管理人を命じられた志村墨然人さん(八五)は、目撃した中国人の惨状を、慙愧の思いに駆られて、「自分が記録しなければ」と、十数年前から墨絵に描きつづけてきました(中には三・六×二メートルのものも)。いずれも迫真力を備えていて、見る人を圧倒します。丸木位里・俊夫妻の「原爆の図」に対比して、「墨絵・中国人強制連行の図」といえるものです。

これらの墨絵は、今まで、花岡事件の現地(秋田県大館市)、北京での花岡蜂起六〇周年記念式、天津の「在日殉難烈士・老工紀念館」、台湾での「中国人強制連行と戦時性暴力」シンポジウムなどで、その一部が展示されただけです。そこで、今回この京都の地で、その墨絵二十数点を一堂に展示するとともにに、関連資料の紹介、さらに記念シンポジウムを持ちたいと思います。

今年は、日中平和友好条約締結三〇周年にあたり、また民間の日中友好人士と在日華僑の手で、日本で亡くなった中国人殉難者の遺骨が中国に初めて送還されて五五年目にあたります。そして、昨春、中国人強制連行事件の初の最高裁判決となった西松・広島訴訟では、請求は棄却されたものの、「上告人（西松建設）を含む関係者において、本件被害者らの被害救済に向けた努力をすることが期待される」との勧告がなされました。それをどう実現するかという課題もあります。

そこで、次のような日程でシンポジウム及び「墨描・中国人強制連行の図」展を開催したいと思いますので、多くの方々のご参加、ご協力を呼びかけます。

そして二〇〇八年五月、志村墨然人の「墨描・中国人強制連行の図」展が、龍谷大学深草キャンパスの学友会館で開催された。「日中の真の和解のために―中国人強制連行を考える―」と題するシンポジウムは、丸太町のハートピア京都で行い、野中広務（社団法人日中友好協会名誉顧問、元内閣官房長官）が「歴史と向き合うということ」というテーマで講演をし、司会は中村尚司がつとめた。新聞各紙で紹介されたことから、展覧会、シンポジウムともに、多くの来場者があった。

翌二〇〇九年三月、田中宏が龍谷大学の定年を迎えた。その時、問題となったのが、膨大な資料や蔵書の行き先である。いろいろ探してみるが、よい場所が見つからない。そこで浮かんだのが、かつて私の父が商売をしていた、古い事務所はどうかという案である。

一九七九年に亡くなった私の父は、大阪市浪速区で建築金物屋を営んでいた。一九八六年に私は大学を卒業し、父の商売を継ぐのだが、当時円高不況で経営は苦しく、不渡り手形の影響もあり、多額の債務を負っていた。商売のことが全くわからぬ、素人同然の私には、荷の重すぎる状態からのスタートであった。しかし、間もなくバブル景気に突入し、日本経済は急激に過熱していく。おかげで私のような、素人商売でも商品はよく売れ、幸いにして借金を返すことができた。だがいつまでも、異常ともいえる活況が続くはずがない。あえなくバブルは崩壊し、取引先はバタバタと倒れ始めた。再び不渡り手形を掴まされたことをきっかけに、私は父が始めた商売を畳む決断をした。

それから、古い木造二階建ての事務所は、店舗として貸していたが、老朽化が進んで借り手がつかなくなり、やむなく自分で物置として使っていたのだった。とはいえ事務所のなかは、ほとんど何もない状態であった。そんな時に、田中の資料をどこに移すか、という問題が浮上したのである。ちょうどよいタイミングであり、これ幸いとすべての資料類を私の事務所に移すことになった。研究室から運送屋が大型トラック二台で運んできた大量の蔵書類は、すべて収まった。以後、書架を据え付け、本を並べて整理していった。

中村尚司の発案で、同事務所を田中の関西における活動拠点にしようということになった。在日コリアンや海外からやってくる人びとを、私たちの真の仲間として、共に未来を築くにはどのような政策が必要なのか。よりよい日本社会のために、外国人政策を提言したい。会の名称を検討したところ、金東勲《キムドンフン》（龍谷大学名誉教授）の提案で、「外国人政策懇話会」にすることが決まり、毎月勉強会を開くことになった（二〇一四年九月からは、隔月開催に変更）。使い道なく老朽化が進んでいくばかりであった、元金物屋の建物は、田中宏の書庫ならびに懇話会の事務所として、息を吹き返したのであった。

二〇〇九年四月から、外国人政策懇話会の勉強会が始まった。当初はＪＲ環状線芦原橋駅近くの浪速人権文化センター会議室で行っていたが、翌二〇一〇年春からは、ＪＲ大阪駅前の龍谷大学大阪梅田キャンパスに場所を移すことになった。田中、中村ともに、現役の龍大教員ではないため、李洙任《リースーイム》経営学部教授が同キャンパスの使用許可を取った。

毎回、大学の研究者や市民運動家などが興味深い報告を行い、真剣な質疑応答が続いて、終了時間が予定より大幅に超過してしまうことも、頻繁にあった。毎年一二月の勉強会では、田中宏が「一年間を振り返る」と題して、その年にあった外国人の処遇に関する問題や裁判について、報告するのが恒例行事となった。

二〇一三年七月、中村尚司が大同生命地域研究特別賞を受賞した。受賞理由は、「南アジアにおける地域自立の経済学研究と広汎な啓発活動への貢献」に対してである。一九九二年に鶴見良行（一九九四年没）が、二〇〇七年に村井吉敬（二〇一三年没）が受賞した同じ賞をもらったことを光栄に思い、泉下の二人が導いてくれたことを心より感謝した。

ちょうど同じタイミングで、私の書いた『「沖縄シマ豆腐」物語』が、第一回潮アジア・太平洋ノンフィクション賞を受賞した。そんなことから、外国人政策懇話会に参加する仲間たちが、オープン間もないグランフロント大阪の飲食店で、二人の受賞パーティーを開いてくれたことは、忘れられない思い出である。私としては、師と共に祝ってもらうようなことが、果たして現実なのかと、にわかに信じられない気分であった。

二〇一四年九月の例会では、同年五月に逝去した金東勲龍谷大学名誉教授を偲ぶ会が行われた。中村尚司が「龍谷大学法学部教授のキムさん」と題して回想し、田中宏は「キムさんの案内で韓国議会や外国人政策の担当部局を訪ねた旅」について話した。それを聞きながら、私は二〇〇九年四月にあった外国人政策懇話会の事務所開きで、ささやかなパーティーをした夜のことを思い出していた。

もう遅いからと、金先生は事務所を出て、JR芦原橋駅に向けて歩き出していた。先生の自宅は奈良県生駒市にある。事務所近くには、阪神なんば線桜川駅が二〇〇九年三月にできており、近鉄と相互乗り入れしているので、こちらからだと近鉄生駒駅まで一本で帰ることができる。急いで私は先生を呼び止め、阪神桜川駅まで案内した。その時のにこやかな様子が、蘇ってくるようだった。

長く続いた外国人政策懇話会であったが、田中宏が八〇歳を迎えたのを機に、二〇一八年一月で九年間の活動を終えることになった。最後の勉強会で田中は「二〇一七年を振り返って―私的メモ」と題する報告を行った。高校無償化の朝鮮学校除外をめぐる裁判や、中国人強制連行の花岡事件大阪訴訟などについて詳しい説明したのだが、高齢にもかかわらず、いまなお現役で活躍する強靱な体力と精神力に圧倒された。

その後も田中の蔵書類は、事務所内での保管が続いたが、同年九月に大阪を直撃した台風二一号により、古い木造の建物は甚大な被害を被る。玄関のシャッターや屋根が吹き飛び、惨憺たる有様である。修繕を予定していたところで、地主から退去を要求されることになった。そこで外国人政策懇話会の発起人にも名前を連ねる、丹羽雅雄弁護士に地主との交渉を一任することになった。丹羽先生は、中国人強制連行訴訟など、いくつもの戦後補償裁判で弁護団長を務める、法曹界の重鎮である。二〇二〇年春、様々な紆余曲折の末に、丹羽弁護士の尽力のおかげで、古い事務所を地主に売却することで決着した。

だが膨大な資料類をどこに移すか、という難問が残っている。当初、田中資料の行き先を、真剣に考えてくださったのが、外村大《とのむらまさる》東京大学教授であった。何度も東京から大阪市内の事務所まで足を運び、検討を重ねた。一部の資料を東大の研究室に運ぶために、東京から赤帽を手配して、荷物を積み込んだこともあった。

それでも田中資料はまだ大量に残っている。事務所の明け渡し期限が迫る中、さすがに焦りを感じるようになっていた。そんなタイミングで、救いの手を差し伸べてくださったのが、伊地知《いぢち》紀子大阪市立大学教授（現・大阪公立大学）である。大阪市立大学人権問題研究センターに設置された、大阪コリアン研究プラットフォームの代表である伊地知教授は、貴重な田中資料を一括して同研究室内に受け入れることを、決断してくださったのである。こうして無事期限までに、引っ越し作業は完了した。

二〇〇九年から一一年間にわたり、事務所を埋め尽くした蔵書類はすべてなくなった。事務所が空っぽになったのを確認しながら、私は外国人政策懇話会が名実ともに幕を閉じたことを実感していた。

1986年４月、「新しい経済学のための国際集会」が、ロンドンのクエーカー教会フレンズ・ハウス講堂で開催された。左から、ジェームス・ロバートソン（元外交官）、ポール・イーキンズ（ブラッドフォード大学フェロー）、中村。講演で中村は、石垣島の白保で計画されている新空港について、建設工事が始まれば貴重なアオサンゴの群生が破壊されてしまう、と訴えた。その様子はＢＢＣの「チャンネル４」で放送され、大きな反響を呼んだ。

沖縄の海には、浜辺からリーフの間に、珊瑚礁とともに広がる潮間帯がある。そこはウミンチュといわれる専業漁業者ではなく、そこで暮らす村人、いわば半農半漁の人達が利用する空間であり、生命を育み、人びとの社会関係を豊かにする根拠といえるものであった（第五章に詳述）。しかし、空港が建設されれば、そうした生命系の根幹が、すべて根絶やしにされてしまう恐れがある。中村は帰国後、白保を埋め立てる空港建設の撤回を要求するために、環境庁（現環境省）へ陳情にいった。すると、イギリスから石垣島空港建設の中止を求める手紙が、何通も届いていると聞かされた。この時、鯨岡兵輔（元環境庁長官）とも会った。

第一一章　民際学の提唱

一九八九年六月後半から、中村尚司は発声に不調を感じていた。八月に四国学院大学へ集中講義に赴いたときには、受講生から何を話しているのか、よく聞き取れないと言われるなど、長時間の講義を苦痛に感じるようになっていた。

一〇月半ばに国立京都病院（現・国立病院機構京都医療センター）の耳鼻咽喉科を受診し、精密検査をしたところ、喉頭癌が判明する。医師は出来るだけ早く手術をしようというが、ちょうど一〇月二七、二八の両日に、龍谷大学創立三五〇周年記念事業の一環として海外の研究者を招き、「生命系の経済」というシンポジウムを予定していた。中村が立てた企画だったから抜けるわけにはいかず、シンポジウムが終わったすぐあとの一一月上旬に入院し、手術を受けた（中村尚司『人びとのアジア』）。

私はこのシンポジウムを楽しみにしていた。大学卒業後、まだ三年しか経っておらず、大学院への未練が強く残っていた頃でもある。当時の私は大学の研究とはかけ離れた、家業の金物屋を継いでいた。にもかかわらず、「生命系の経済学」について、その動向が非常に気になっていたのであった。

1989年10月、龍谷大学350周年記念学術シンポジウム「生命系の経済」。左がW.D.ラクシュマン（コロンボ大学教授）、中村（右）は通訳をつとめた（龍谷大学提供）

近代経済学が市場による資源配分をもっとも合理的だと考えるのに対して、マルクス経済学は計画にしたがった生産や分配を理想とする。一方、そうした「市場」や「計画」に対して、第三の経済システムである「生命系の経済学」を提唱したのが故玉野井芳郎であった。玉野井の弟子である中村は、そんな新しい学問運動の旗手ともいえる存在であった。

私は商売を途中で抜け出し、久々に龍谷大学の深草キャンパスに向かった。シンポジウム会場である大教室に入ると、参加者で一杯になっている。地球環境問題にどう向き合っていくかが、差し迫った課題となるなか、市場経済や計画経済とは異なる、新たな方向性を見出そうとする「生命系の経済学」に、非常に多くの人が期待と関心を寄せていることが、その熱気からも伝わってきた。なんとか空いた席を見つけて、座ることができた。

最初の基調講演は、欧米におけるエコロジー経済理論の中心的な担い手である、ポール・イーキンズ（ブラッドフォード大学フェロー）が「二一世紀における生命系の経済」と題して行った。同氏は、"The Living Economy"（邦題『生命系の経済学』御茶ノ水書房）の著者である。続いて、西川潤（早稲田大学教授）やW・D・ラクシュマン（コロンボ大学教授）、武者小路公秀（国連大学副学長）など錚錚たる研究者たちが、基調講演をした。

ラクシュマンの講演時に、中村が英語を日本語に訳してアナウンスしていたのだが、声がガラガラである。顔も土気色で、体調が悪いことは明らかであった。最初は、風邪をこじらせたのかとも思ったが、尋常ではない様子である。不安を感じながら、シンポジウムの終了後、会場を後にした。

しばらくたって、中村が喉頭癌で手術をしたと聞き、嫌な予感が的中したことにショックを受けた。酒やたばことも無縁なのに、どうして喉頭癌になったのか、納得のいかぬ気分を感じたことを覚えている。後に本人から聞いたところによると、長年にわたり持病の気管支喘息で気管支拡張剤や副腎皮質ホルモンを服用してきたことによる、副作用が原因だろうということであった。

手術後、抗癌剤投与や放射線治療が続いたが、生検で癌細胞が再び見つかる。翌九〇年一月に、検査を兼ねた二度目の手術を受けた結果、癌組織はなくなり、月末に退院が許可された。

手術で声帯を切除したために、中村はささやくようにしか声を出せなくなってしまった。「口は食べるために存在するのではなく、話すためにある」と固く信じる中村にとって、過酷な現実であった。大学教員として、声という商売道具が不自由になってしまったわけで、普通の人ならそのまま憔悴してしまいそうな状況である。しかしそうはならなかった。その後も、五回にわたる全身麻酔による検査や手術を繰り返すなど、一年間の休職を経た末に、教壇への復帰を果たすことができた。

大学への復帰後、中村が取り組んだのが、龍谷大学大学院経済学研究科に民際学研究コースを設置することだった。様々な準備作業を重ねた末に、一九九四年四月から同コースがスタートすることになった（のちに民際学研究プログラムに名称が変わり、二〇一八年度からは大学院経済学研究科の経済学総合研究プログラムに統合された）。

民際学とは、聞き慣れない言葉である。初めて聞く人にとっては、なにを意味するのか、にわかに理解できないであろう。これまで中村が書いた民際学についての概説はいくつもあるが、その基本的な内容をよく説明していると思われる論考を以下に紹介しながら、どのような学問であるのかを考えていきたいと思う。

民際学の提唱者である中村によると、近代の社会科学から無視されてきた「人びと」が、主体となって担う学問を築きたい、という願望を込めた用語であるという。同時に、「国際」という言葉が持つ、強い魔力からの解放をめざす志もこめられている。

民際学は、一九世紀以来の社会科学に特徴的な近代国家と主観・客観をこえて、新しい時代の要請にこたえる研究活動である。西欧近代において誕生した社会科学の諸分野は、暗黙のうちに二つの公準により支えられてきた。

第一は、近代国家の枠組みである。一八世紀以降、ヨーロッパの歴史的背景のもとで生まれた科学は、近代における国民国家の形成ときってもきれない関係にあった。国家の主権（通貨）、領域（所有）、住民（労働力）を、一元的かつ排他的に管理する公権力の存在が、近代の科学研究の前提であり、乗りこえることが不可能な学問上の限界でもある。国家なくして学問なし、というような奇妙な制度がつくられて

しまったのである。（中略）

第二は、ニュートン以来の古典物理学に、体系的な規範を求めることである。近代の古典力学が確立した研究方法は、物体の質量と初速が与えられるとその運動を正確に記述できるので、因果律や決定論を根拠づけ、観測者と観測対象との相互関係を研究の外部に排除できる。（中略）古典物理学では、観測者が観測対象から独立することによって、観測対象の運動について、微分方程式の体系で記述する古典力学を完成した。

経済学も物理学と同じように、微分可能な数量の関数関係で経済現象を全部記述できれば、完成された姿だと考える。その特徴は、観測する者とされる者とが、相互に関係をもたないことである。つまり、調査者が、調査対象から独立して学問を築く方法である。（中村尚司、同上書）

こうした二つの公準は、近代における社会科学に、疑いもなく巨大な成果をもたらした。その結果、学問の専門分化は、いまや人間の知的営みの全体性に敵対するところまで進展している。当事者の参加を認めない方法は、表面的な観察しかできないという限界がある。それゆえ、さらなる専門の細分化が進展していく。しかし、木をみて森をみない部分知は、いくら多く集めても、全体像を描けない。

一九六七年、中村は南インドの農村に住み込み、聞き取りを続けた。いわばフィールドワークの事始めであった。その時に強く感じたのが、人間の活動や暮らしは、全体的なものだということである。暮らしの全体性に迫りたいと考え、村の人びととつきあい始めると、客観的な観察が困難になる。

かつて中村がスリランカの村で調査していたとき、村人に境界を尋ねたことがあった。すると村人は「村は自分の声が届くところまで」だといって、大きな声を出した。声は農作業に必要な人手が欲しいという合図で、聞こえた人が助けに来てくれる。反対に、誰かの声が聞こえると、自分が助けに行く。各人が村の中心で、村の境界は幾重にも重なり合う。農村生活の全体性を捉えるには、部分と部分の連環という、境界領域が重要であることを中村はこのとき認識した。

一方、既存の自然科学や社会科学の営みは、特定の部分についてのみ、詳しく分析する部分知である。既存の学問における研究方法は、できるだけ客観的であろうとめざす。そうした考えの根っこにあるのは、近代科学に固有の主体と客体の二項対立図式である。だが人間のあり方の特徴として、その存在よりも先に関係があるのに、既存の分析的な科学の方法は、何か実在するものを最初に置いてその分析にとりかかる。それでは近代の科学になじまない部分、存在に関係が先立つような人間的課題を解明できない。

民衆の暮らしを観察していると、生活の知恵を集積した知的な営みであることがよくわかる。しかし、科学者のように知的な営みの部分だけに特化することなく、生活の全体性を抱えて生きている。これが、人口の圧倒的多数を占める民衆の立場である。この立場から学問を考えられないかと、中村は思った（中村尚司「フィールドの大地へ出よう」）。

> しかし、われわれの世界にほんとうに主観なんてあるのだろうか。客観なんてあるのだろうか。私が生まれおちた瞬間に私の主観があったわけではない。私が主観だと思っているものは、みんな私以外のなにものかから取り込んできたものにすぎない。（中略）では客観とは何か。私やあなたを含まない客観なんていったいありうるだろうか。たいていの場合、客観とみなされているものは、それぞれ人びとの主観を集計したものであって、その集計のしかたで客観の性格も変わってくる。

つまり、客観といわれるものは、ある種の集計した主観の集合である。主観といわれているものは、当の本人の中で芽生えてきたのではなく、本人以外のところから持ち込まれてきたものである。(中略)加工された客観が主観であり、集計された主観が客観である、といってもよい。そのように考えると、主体と対象と手段を組み合わせた、方法上の参加主義。あるいは当事者主義の科学とよんでいるものが必要になる。そういう方法では、厳格な答えが出てこない、という反論がある。しかし、厳格な一義的な答えというのは、いったい何だろうか。私たちの日常語は、一義性の言葉ではない。もの、こと、ところなどの例を挙げてみればわかるように、使う頻度が多く重要な語彙であればあるほど一義的ではない。

(中村尚司、同上書)

中村のいう民際学においては、フィールドワークが非常に重要になってくる。フィールドワークは、唯一の真理にたどり着くための学問的な方法ではなく、さまざまな現実の問題と格闘するプロセスである。方法上の個人主義を乗り越えようとする試みであり、要素に分けて考える分析的手法に対して、相互主義、関係主義(ネットワーク)という方法を採用する。フィールドワークは、既存の社会科学を否定するのではなく、その分析的な知性を包み込み、補う仕事でもある。フィールドワークは、普通の民衆の生き方が、そのまま研究活動になる学問に重なる。研究対象と研究する当事者とが、明瞭に分かれない。フィールドワークを行なう私が何者であるか、つねに問い続けなければならない。私の生き方、私の社会的な活動そのものを私が研究する場所でもある。そして、他人を説得できるような研究成果をまとめる。したがって、フィールドワークは、「一人称や二人称で語る学問」といいかえることもできる(中村尚司、同上書)。

このような民際学についての解説を、いつも私は中村から聞いていた。その時は、わかった気になるのだが、うまく消化しきれず、どうすれば自分の腹に落ちるのか、思案することが長く続いた。いろいろと考えをめぐらせながら、ふと自分自身の生い立ちが民際学的ではないのだろうか、ということに気がついた。

私は小学六年生だった一九七四年頃から、ずっと母の世話をしてきた。母は統合失調症を患っていた。母の病で家庭は崩壊し、私と三つ下の妹は誰にも助けを求められず、心身ともに疲れ果てていった。母の病に翻弄されながら、いつも同じようなことを考える自分がいた。

「こころはいったいどこにあるのか。あるとしたら、どんな色で、どんな形をしているのだろう」

心に実体があるわけではないのに、母はその「こころ」を病んで苦しんでいる。私と妹は四六時中「こころ」を引き裂かれそうになりながら暮らしている。なぜ人は心を病んで、生きていくことが難しくなってしまうのか。ずっとそんなことばかりを考えて暮らしてきた。

近年の精神医学では、一般的な医学と同様に、客観的なエビデンスを偏重する風潮が強くなっている。すなわち、精神疾患を脳内現象に還元するような考え方が主流になりつつある。しかし、長年母の病に伴走してきた者としては、そうした患者に対する接し方では肝心な何かを見落としてしまうのではないか、と思えてならない。

母の抱える統合失調症が、自己完結する病であるとは思えない。病に先立つ問題、とりわけ母を取り巻く人間関係を視野に入れなければ、母が苦しんできた統合失調症の全体像は見えてこないし、それこそ「木を見て森を見ない」ことになりかねない。

母の生まれ育った家庭は、極めて名門意識が強く、家柄や学歴が他者に対する判断基準であった。母以外の兄妹は、みな親の眼鏡にかなう相手と結婚していた。しかし母一人が辛酸をなめていた。旧家の跡取り息子と結婚したものの夫婦関係はあえなく破綻、乳飲み児を奪い取られたあげく、実家に追い返されてしまった。

再婚の相手が、私の父であった。父はとりたてて肩書のない、平凡な人間である。だが商売熱心で、自ら起こした金物屋を大切にしていた。ところが祖父母は、そんな父を心の底から馬鹿にした。

とりわけ比較されたのが、母の妹の連れ合いである。この人は医者であった。祖父母は、どんな話題であっても必ず叔父を褒めちぎり、父を引き合いに出して蔑んだ。そうした環境は、母にとっていたたまれぬものであった。理不尽な仕打ちが続くうちに、母はだんだんと精神が不安定になり、家庭生活が成り立たなくなっていった。「電波に操られている」とか、「家の中にスパイがいる」といいながら、母は表情を歪めて周囲を睥睨する。やがて錯乱状態になり、家の中で意味不明な言葉を叫び続けるようになった。

母は精神科病院に何度も入院したが、病状は全く改善しなかった。退院後、「二度と病院には行かない、薬も飲まない」という。ただ患者を漫然と入院させ、おとなしく言うことを聞かないと、ペナルティのように薬を増やし、それでも意に染まない態度なら懲罰として電気ショックをかけたという。

私が高校生の時、母の様子が知りたくなり、放課後電車を乗り継いで、入院する病院まで会いに行ったことがあった。しかし、面会時間を過ぎているといって追い返された。あまりの横柄な態度に驚いたものだった。帰り際、閉鎖病棟の扉が閉められたときの、あの「ガシャン」という絶望的な音は、五十年近く経った今でも忘れることができない。

閉鎖病棟がトラウマになっていたのだろう。母は退院後、家の窓をけっして締め切ることはなかった。母は二年以上入院していたのだが、いったい病院ではどういう治療をしていたのだろうか。本人に何の希望も与えぬような入院生活に、果たして意味があったのだろうか。

そうしたことがあるから、今度こそ母の苦悩に寄り添うことのできる医師を探さねばならないと、私は強く感じていた。私が大学二年になった一九八三年春、知人の紹介で訪ねて行ったのが、京都大学教育学部に開設されている、心理教育相談室だった。山中康裕先生（当時京都大学助教授、現名誉教授）が応対してくださった。

翌週、母を伴って同相談室に行った。まとまりのない話だったが、両親に対する憤りや入院生活への拒絶などを、母は必死に吐き出していた。その様子をじっくり見極めて、母の病状が非常に悪いということを、先生は理解された。本来なら入院が必要な状態だとおっしゃった。しかし、おそらくこれまでの経緯から、入院治療では病状は改善しないだろうともおっしゃった（詳しい経緯については、拙著『私がヤングケアラーだったころ　統合失調症の母とともに』みずのわ出版を参照）。

山中先生は、なにより母との信頼関係を構築することが重要だと認識していた。精神科医でもある先生は、大学の承認を得て、毎週土曜日に京都市内の病院で診察をしていた。そこなら投薬治療もできるからと誘ってくださった。さっそく次の土曜日から通うことになった。

最初のうちは薬を飲もうとせず、母の病状に全く変化は見られなかった。どうしたものか悩んだが、医師に対する信頼感が生まれなければ、母は薬を飲まないだろうと思った。信頼感なくして、病気が改善していくことは難しいということである。そうするうちに、母はあれほど嫌がっていた薬を飲むようになっていった。一進一退を繰り返しながらも、母の病状は少しずつ安定していった。時には通院を嫌がることもある。そういう場合は、私が一人で病院に行き、山中先生に母の様子を伝え、薬をもらって帰る。母がいると話せないことを伝えることもできて、それはそれで有意義な時間となった。

通い始めて数年が経った頃のことである。私と先生と一対一で話しているうちに、私の近況が話題になった。

私には小学生の頃から、ずっと気にしていることがあった。運動した後に顔の左側が紅潮しないのである。中学高校、そして大学生になっても、それは全く変わらなかった。

あるとき、衝撃的な事実に気が付いた。運動をした後、冷たくなっている顔の左半分をなにげなく触っていると、汗だくの右側とは違い、さらっとしている。頭部を含めて顔の左半分が全く汗をかいていないではないか。いったい何の病気なのだろう。とはいえ、体調には何ら問題はない。それゆえに、余計に不気味に感じた。

思い切って、自宅近くの大学病院を受診した。医師に状況を説明し、いろいろな検査をする。後日医師に検査結果を聞きに行くと、神妙な顔をして考え込んでいる。特に悪いところはない、原因がさっぱりわからない、このような症状は非常に珍しいので文献などを調べて何かわかったら連絡するといわれた。しかし、いくら待っても、その医師からの連絡はなかった。

そんな話を山中先生に、長々と説明した。すると、非常に驚きながら聞いてくださっている。先生が言うには、心の問題に関わると思われる肉体的な異変は、身体の左側に出ることが多いという。私については、心に由来する問題である可能性が高いのではないかと指摘された。

山中先生は、顔の左半分が紅潮せず、汗もかかないことには、重要な意味があるのではないかとおっしゃった。私は小学生の頃から、母の病を背負い込み続けてきた。表向き平静を装い、家庭の問題を周囲に悟られぬようにふるまってはいるが、心は悲鳴を上げている。おそらく、私の顔にあらわれた症状は、自分を守ろうとする心の働きなのではないだろうかと、先生は指摘された。

そんな話を伺っているうちに、胸が熱くなってきた。顔の左側が紅潮しないのは、けっして病気ではない。私のこころが、一所懸命に自分自身を守ろうとしてくれていたのだ。

そうした心に由来する身体的な異変に対して投薬治療をしても、ほとんどの場合効果をあらわすことはないという。私を守ってくれている左側と、これからも末永く付き合っていこう。いつしか私の気持ちは、晴れ晴れとしていた。母の病を通して私が得たのは、「こころ」は自分の内面だけにとどまるものではないという実感である。

こうした考えは、統合失調症が脳病だと考える立場からすると、笑止であるかもしれない。しかし、私は母の病に思い悩み、「こころ」を痛めた末に、顔の左側が紅潮せず汗もかかなくなった。「こころ」とは、自分自身からはみ出して、他者とのあいだに芽生えるものである。山中先生との対話から、私はそのように考えるようになっていった。

母の脳内における神経伝達物質の振る舞いについて、どれだけ客観的な態度で、分析的に調べてみても、病の全体像や病態を把握することは困難であろう。母を取り巻く人と人との関係性を視野に入れてはじめて、長く苦しんできた統合失調症の本態が浮かび上がってくる。

心と身体はつながっている。悩み事があると胃が痛み、緊張や不安で動悸が激しくなることを誰もが経験している。悩みや不安の多くが、他者との人間関係に由来している。しかし、心身の相関性をうまく説明することは容易ではない。説明できないから、現代の医学ではひとまず視野の外に置いているだけであって、その存在自体を切り捨てるわけにもいかない。

「こころ」が、自分と他者との関係性に由来するものだと考えるならば、統合失調症のみならず、多くの病に対する私たちの認識自体も、今後変化していく可能性があるのかもしれない。

あらゆる生命の存在と営みは、互いに関係しあい、支えあっている。人間のあり方は、存在に先立って関係がある。ところが分析的科学の方法では、関係性を見ようとはしない。

医学においても、その傾向は顕著である。患者を関係から切り離し、微視的に精査することに、ひたすら精力を傾けてきた。もちろんそこから得られた成果は、非常に大きなものである。一方で、取り残された問題も少なくない。

人びとの全人格的な営みから、中村尚司は関係性の学問を構想し、民際学を提唱した。民際学は、普通の民衆の生き方が、そのまま研究活動になる学問である。生活の場と社会的活動を結ぶ当事者性の学問が、今後益々重要になっていくだろう。

民際学研究は、何らかの形で人間の最も充実した生き方を模索する営みでもある。既存の学問に行き詰まりが見えるなか、全体と部分の架橋をめざす民際学的アプローチは、きっと新しい時代を切り開いていくにちがいない。

終章　民際学の未来へ

二〇二一年末、中村尚司は集団検診で、肺機能の精密検査が必要だと指摘される。国立病院機構京都医療センターで詳しい検査を受けると、右の中肺葉が無気肺状態になっていることが判明し、緊急入院することになった。気管支に付着していた異物を除去してもらったが、坂道や階段で感じる息苦しさは改善しなかった。長く通っていた水泳も、息が続かず退会することにした。八〇代も半ばが近づき、さすがに体力の衰えを実感する場面が増えるようになってきた。

二〇二二年を迎えてからも、なかなか体調の上向く兆しが見えなかった。しかし、そうした中で嬉しい誘いが、息子の徳司から舞い込んできた。家族とともに赴任中のシンガポールを足掛かりに、一緒に旅行に行かないかという招待であった。徳司は、両親の年齢や健康状態などを勘案して、親孝行するなら今しかないと考えたのだろう。中村と禮子は、徳司・百合子夫妻からのプレゼントだと思い、快諾した。

あれだけ海外を飛び回っていた中村だが、コロナ禍で長らく蟄居を余儀なくされていた。しかしこの機会に体調を整えて、久々の海外旅行に備えることにした。

二〇二二年一〇月一四日から、中村たちはシンガポールやマレーシア、バリ島を巡る三週間の旅に出た。中村と禮子にとって、人生の最終章を飾るに相応しい日々となった。旅行中、中村は行く先々で熱中症による発熱で苦しんだ。幸い適切な処置で事なきを得たが、徳司と百合子がいなければ旅を続けることは困難であっただろう。

二〇二四年一月、中村は血中飽和酸素度の低下で緊急入院を余儀なくされる。退院後も体調がすぐれず、二月には再び入院することになった。先行きに不安を感じさせる状態がしばらく続くが、春が近づくにつれ、少しずつ生気を取り戻しはじめた。そんなタイミングで徳司は、中村をスリランカに連れて行く計画を練り始める。そして六月に実現する運びとなった。

あと何回海外に行けるだろうか。そんなことを、最近中村は考えることが増えた。年齢からしても、以前のようにパスポートがスタンプで一杯になり、ページを追加してもらうような事態はもう起こらないだろう。もちろん若い頃のような旅は困難である。しかし年相応の渡航なら決して不可能ではないかもしれない。

中村がアジア経済研究所に就職してから、すでに六三年が経過している。長くスリランカやインドなどを中心に、アジア各地の調査研究を続けてきた。『龍谷大学経済学論集　中村尚司教授退職記念号』の巻末に付された業績一覧を見るだけでも、中村が築き上げた「あるく、みる、きく」学問の巨大さを理解することができるであろう。

中村は長い研究の過程で、民際学の必要性を強く感じるようになった。民際学について突き詰めて考えるなかで、そこには三つの重要な柱があることに思い至った。前章で述べた内容と重なる部分が少なくないが、民際学の核心ともいえるキーワードなので、ここで詳述しておきたい。

第一は「循環性の永続」である。玉野井芳郎が提唱した「生命系の経済学」は、まさに循環性を重視する経済理論であった。玉野井の薫陶を受けた中村は、そうした思想を受け継ぎ「広義の経済学」を構築することに、長らく専心してきた。

地球は太陽熱で温められ続けても、熱地獄にならない。それは廃熱を水蒸気の分子振動で、宇宙空間に赤外線放射しているからである。人間も同様に、発汗や排泄によってエントロピーを体外に捨てながら、地球と同様の原理にしたがって生きている（中村尚司『地域自立の経済学　第2版』）。

民際学の立場から考える、豊かな生き方というのは、結局のところ循環性の永続である。循環のなかには、人間の交流を豊かにすることも含まれている。民際学は循環性の永続を生活の場で確認することでもあると、中村は指摘する。

二つ目は、「多様性の展開」である。多様性を担うのが、多元的な場で生きるボランティアである。ボランティアとは、決して無報酬で奉仕する人でもなければ、自主的、自発的に働くだけの人でもない。ボランティアとは、同時にいくつも仕事を引き受け、多元・多重の活動をする人間である。地域社会において、ボランティア活動が可能な条件を整備すれば、金を稼ぐ人（労働者、経営者）と稼げない人（妊婦、児童、老人、病人、障碍者）とが人間として同じ価値を持つことが、単なる観念ではなく、現実性を持つようになる。人びとの多元・多重の生き方が、近代に特徴的な経済主義からの自立を促す契機になるかもしれない（中村尚司『人びとのアジア』）。

ボランティアに関する中村の所説に加えて、生命の多様性についても、その重要性を強調しておきたい。二〇二〇年初頭から、新型コロナウイルス感染症が広がり、世界中に大混乱を引き起こした。コロナウイルスによる被害者は、本当に人間なのだろうか。これは、いま私たちに突き付けられている、自然界からの問いかけでもある。

熱帯雨林は、多様な生命を育んでいる。ウイルスもその例外ではない。そうした狭いエリアで、特定の生物と共存していたウイルスが、乱開発などの環境破壊で解き放たれたことが、感染拡大の原因だったのではないかとする説が、研究者から提出されている。もしそうだとするなら、人間の強欲で利己的な振る舞いが、結果的に自らを窮地に追い込んだ可能性がある。

農薬や化学肥料に依存する近代農業においても、同様の危惧を感じざるをえない。食料生産のためには、邪魔な害虫は農薬を使って、根絶やしにしなければならない。化学肥料を多投すると、人間の意のままに農作物を増産することも可能だ。そうすることが、人類の幸福につながるのだと、多くの人は固く信じて疑わない。そんな人間至上主義的な発想が地球環境を蝕み、やがて修復不可能な生態系の破綻を引き起こす可能性も排除できない。私たちにとっての喫緊の課題は、多様な生命との共存共栄を模索することなのではないだろうか。

三番目が「関係性の創出」である。関係性は循環や多様と違い、直接確認しにくく、とらえどころがない。だが関係性は、極めて重要な意味を含んでいる。

「こころ」が自分と他者との間に芽生えるものだとするなら、私たちの存在は関係性により根拠づけられているといえるのかもしれない。本来、人間のあり方は、存在に先立って関係がある。にもかかわらず、既存の分析的科学の方法では、何か実在するものを最初に置いて、その分析にとりかかろうとする。しかしそれでは、近代の科学になじまない部分、存在に関係が先立つような人間的課題を解明することができない。

近代に特徴的な主客を区分する二項対立図式では、個体の客観的な観察に留まってしまう。しかし生身の人間は、観測主体と観測対象の分離を乗り越えるような仕方で生きている。社会の全体性を把握するためには、主体と対象と手段を組み合わせた、民際学の特徴である方法上の参加主義、あるいは当事者主義の科学が必要になる。

民際学では、主体と客体とその間を媒介するもの、この三つが相互に関係しあうんだということ、それを前提にして新しい研究の枠組みをつくらなければならない。そうすることによって、分析的理性よりも総合化の理性が優越するような研究の課題がありうる。分析的理性では決して明らかにすることはできないけれども、主体と客体との相互関係を視野に入れた上での捉え方が大切である。

（中村尚司「民際学の課題と方法―全体と部分の架橋」）

民際学は、要素に分けて考える従来の方法論を否定するわけではなく、そうした分析的知性を包み込み、補う役割を果たす。そして分析的理性（部分知）よりも、総合的理性（全体知）が優越する研究課題を主題的に扱うことになる（中村尚司、同上書）。

中村は民際学を提唱して、関係性の学問運動を先導してきた。中村にとって、関係性という概念はとりわけ重要だったと思われる。なぜなら中村の人生そのものが、人との関係性により導かれてきたといえるからである。

ここまで書いてきたように、中村は人生の節目節目ですぐれた人物に出会い、様々な影響を受けてきた。会うべき人に会い、見るべきものを見た人生であった。中学時代、経済的な困窮で進学をあきらめていたが、野口徳次郎先生に出会ったことで、高校や大学に進むことができた。そのおかげで、天分が開花したともいえる。

研究者になってからの、中村の活躍は目覚ましいものがある。南アジア研究から、エントロピー論、地域経済論、民際学など、瞠目すべき研究領域の広さである。そんなこともあり、中村の交友関係は驚くほど広く多彩である。その道の第一人者ともいうべき、著名な研究者たちと深い交誼を結んでいる。

中村の民際学に触発される者も少なくない。森住明弘（元大阪大学助手）は民際工学、色平哲郎（佐久総合病院医師）は民際医学を志し、地域住民にとって本当に役立つことをしようと、長年力を尽くしている。

一九八四年に、龍谷大学に赴任したころの中村は才気走っていた。目から鼻へ抜けるという表現がぴったりくるような、俊英であった。いや、本人に言うと怒るかもしれないが、天才というのはこういう人のことなんだと、私はいつも驚きをもって話を聞いていた。

しかしそんな抜きんでた知性の持ち主でありながらも、けっして浮世離れすることはなかった。おそらく家庭の経済状況により、青少年期に大変な苦労をして暮らしを立てていた経験が、人格形成に大きな影響を与えたのだろう。中村は終生、社会の下積みに生きる者と、同じ目線を共有し続けることになった。

ヤンゴン市北部のインヤレーク湖畔にあるアウンサンスーチー宅。1996年８月。左から禮子、中村、アウンサンスーチー、徳司。驟雨にもかかわらず、自宅前であったアウンサンスーチーの演説には、数千人の聴衆が集まっていた。中村たちは演説を聴いた後、邸内の応接室で彼女と歓談した。部屋には、ビルマ独立運動の指導者である、父アウンサンの肖像画が掲げられていた。アウンサンスーチーはかつて、アウンサンに関わる歴史研究のため京都大学に留学していた。

中村の抜きんでた才気に圧倒されながら、私は一抹の不安を覚えていた。ある日突然、中村がこの世からいなくなるのではないかという、恐怖心である。夭折の天才とはよくいうが、そんな風になりはしないかと、ひそかに畏れていたのだ。一九八九年に、中村が喉頭がんの手術を受けた時には、不安が的中したと驚愕したものである。

だが、結果的にそれが幸いしたのかもしれない。頭の回転が速すぎて、オーバーヒート寸前に見えた中村の人生が、病で減速を余儀なくされたからである。病後の苦労は並大抵ではなかっただろう。しかし誤解を恐れずに言うなら、大病を患ったからこそ、寿命が延びたのではないかという気がする。声帯を失ってからも、中村は精力的に活動した。国際協力事業団（現・国際協力機構）における研修員への指導、青年海外協力隊や海外技術者研修協会での講師なども、病気になる前と同様に、いやそれ以上に積極的に行った。鶴見良行や武藤一羊、北沢洋子らが設立したアジア太平洋資料センター（PARC）の代表理事やトヨタ財団の助成研究選考委員長、福岡アジア文化賞選考委員も務めている。これ以外にも、数多くの社会的な活動に幅広く関わってきた。

二〇〇一年、バングラデシュでグラミン銀行を創設し、独創的なマイクロクレジット（貧困層の自立支援目的で行う無担保小口融資）を創始して、貧困根絶に尽力した経済学者ムハマド・ユヌスを、中村は福岡アジア文化賞に推した。その後、同氏の実践は高く評価され、二〇〇六年にノーベル平和賞を受賞している。

国際協力事業団とコロンボ大学との研究協力事業では、一九九八年から二〇〇一年までチームリーダーを務めている。国際交流基金の派遣教授として、コロンボ大学や南アフリカのステレンボッシュ

上智大学国際関係研究所は、1979年末に国連大学の委託を受け、鶴見和子を中心とする共同研究「内発的発展論と新しい国際秩序―東アジアの立場から」を発足させた。研究成果は『内発的発展論』として東京大学出版会から刊行され、1989年に総合研究開発機構（NIRA）の東畑精一記念賞を受賞した。受賞記念パーティーの集合写真。前列右から武者小路公秀、緒方貞子（同賞選考委員長。1991〜2000年、国連難民高等弁務官)、川田侃、鶴見和子。後列左から三人目が中村。

大学、メキシコのコレヒオ・デ・メヒコ大学で講義もしている。

二〇〇八年には、浄土真宗本願寺派を設立母体とする、特定非営利活動法人JIPPO（十方）の専務理事に就任した。国内外での活動に熱心に取り組んだが、なかでも力を入れたのが、有機栽培でつくられたスリランカの紅茶をフェアトレードで扱うことだった。中村は、モノのやり取りに留まらず、生産者と消費者が海を越えて助け合う機会が必要だと考えて、産地を直接訪問するスタディツアーを長く続け、自ら案内役をつとめた。

中村の長年にわたる国際交流に関する活動に対して、一九八九年に総合研究開発機構（NIRA）の東畑精一記念賞、一九九八年には国際協力機構（JICA）から国際協力功労者表彰、そして先にも触れたが、二〇一三年には大同生命地域研究特別賞が贈られている。

二〇二四年六月一六日から一〇日間、中村は徳司ら家族の支えもあって、タイとスリランカを再訪することができた。古くからの友人知人と再会し、至福の時間を過ごせた。その際、スリランカの国立大学協会から、長年スリランカと日本の学術交流に多大なる役割を果たしてきた功績をたたえて、中村に「学術貢献賞」が授与された。

龍谷大学における学生に対する教育も、非常に熱心であった。海外出張先から深夜便で早朝に帰国し、そのまま大学に直行して講義をすることさえよくあった。大学院の中村ゼミには、正式に登録した院生だけでなく、他大学の学生や社会人なども参加し、いつも満員御礼の状態であった。毎回、それぞれのフィールドに関する報告を聞き、遅くまで熱心な議論が続いた。人びとの生活に根差す学問が、実を結び育っていく様子を、間近で目撃することができた。「民際学」の幸福な瞬間であった。

中村尚司・禮子夫妻。京都市伏見区の自宅屋上で。2024年２月（柳原一徳撮影）

中村のもとで学んだ院生の多くが、現在大学の研究者や国内外のNGO、国連機関の職員などとして、様々な分野で活躍している。私も含めて、民際学の教えを受けた者は、中村の膨大な学問的遺産を、継承していく責任を引き受けざるをえないだろう。

一九九四年に出版した『人びとのアジア』の末尾を、中村は来るべき二一世紀への、期待を込めた言葉で結んでいる。だがそれから三〇年が経ち、中村の願いとは裏腹に、近年の国際情勢はますます混迷の度を深めるばかりである。

しかし、私たちは愚直に訴えるしかない。繰り返しになるが、最後にもう一度中村尚司の教えを強調しておきたい。次の世代が豊かな暮らしを営むためには、「循環性の永続」「多様性の展開」「関係性の創出」が、今後中心的なテーマとなるだろう。そうしたなかで、「循環・多様・関係」を築くアジア社会の果たす役割は、極めて大きくなっていくに違いない。

民際学の未来は、すぐ目の前に近づいているのである。

参考文献

●序章　民際学者との出会い

中村尚司「土着・伝統的思想と経済学」八木紀一郎編『非西欧圏の経済学』日本経済評論社、二〇〇七年

「海のコモンズと広義の商業」中村尚司・鶴見良行編著『コモンズの海』学陽書房、一九九五年

「アジア世界における共生のかたち」栗原彬編『講座　差別の社会学　第4巻　共生の方へ』弘文堂、一九九七年

●第一章　貧困の日々

中村尚司『豊かなアジア　貧しい日本』学陽書房、一九八九年

中西宏次『戦争のなかの京都』岩波書店、二〇〇九年

追悼文集編集委員会編『野口徳次郎先生追悼文集　若竹とともに』若竹会、一九九三年

●第二章　スリランカへの旅立ち

中村尚司『豊かなアジア、貧しい日本』学陽書房、一九八九年

『南インド農村における農村調査を振り返って―アビニマンガラム村の事例から』龍谷大学現代インド研究センター、二〇一五年

「玉城理論に学ぶ」玉城哲『風土の経済学　増補新版』新評論、一九八四年

『人びとのアジア』岩波書店、一九九四年

『地域と共同体』春秋社、一九八〇年

『増補　地域と共同体』春秋社、一九八七年

「フィールドの大地へ出よう」中村尚司・広岡博之『フィールドワークの新技法』日本評論社、二〇〇〇年

『共同体の経済構造　増補版』新評論、一九八四年

『スリランカ水利研究序説』論創社、一九八八年
網野善彦『日本論の視座』小学館、一九九三年。
坪井洋文『イモと日本人』未來社、一九七九年。
玉城哲『稲作文化と日本人』社会評論社、一九七七年

◉第三章　スリランカ社会の分断
中村尚司『地域と共同体』春秋社、一九八〇年
「自動車解体業とスリランカの出稼ぎ労働者」中村尚司・河村能夫編『アジアからみる　アジアをみる　外国人労働者と海外投資』阿吽社、一九九四年
「スリランカ和平と復興支援の課題」『国際人権ひろば No.48』ヒューライツ大阪、二〇〇三年
反差別国際運動アジア委員会編『スリランカの内戦と人権』解放出版社、二〇〇八年
アントニー・フェルナンド「日本の進歩とスリランカの心配」杉本義男編『スリランカ』河出書房新社、一九九八年
『南アジアを知る事典』平凡社、一九九二年

◉第四章　結婚、子育て、調査研究
中村尚司『人びとのアジア』岩波書店、一九九四年
『スリランカ水利研究序説』論創社、一九八八年
田中宏『在日外国人　第三版』岩波書店、二〇一三年
原後三治・田中宏編『司法修習生＝弁護士と国籍』日本評論社、一九七七年
金敬得弁護士追悼文集編集委員会編『弁護士・金敬得追悼集』新幹社、二〇〇七年
中村禮子『わたしのスリランカ』南雲堂、一九八五年

◉第五章　生命系の経済学
玉野井芳郎『玉野井芳郎著作集3・4』学陽書房、一九九〇年
『エコノミーとエコロジー』みすず書房、一九七八年
『エントロピー読本I—III（別冊経済セミナー）』日本評論社、一九八四—八六年
槌田敦『資源物理学入門』日本放送出版協会、一九八二年
室田武『天動説の経済学』ダイヤモンド社、一九八八年
中村尚司『地域自立の経済学　第2版』日本評論社、一九九八年
槌田敦「玉野井先生とエントロピー」『エントロピー読本III』日本評論社、一九八六年

玉野井芳郎・清成忠男・中村尚司編『地域主義』学陽書房、一九七八年
玉野井芳郎・坂本慶一・中村尚司編『いのちと農の論理』学陽書房、一九八四年
中村尚司「日本における生命系の経済学」今村仁司編『格闘する現代思想』講談社、一九九一年
中村尚司・鶴見良行編『コモンズの海』学陽書房、一九九五年

◉第六章　田中宏と穂積五一（一）

田中宏『在日外国人　第三版』岩波書店、二〇一三年
中村尚司「田中宏による民際学研究をめぐって」『龍谷大学経済学論集　民際学特集　第49巻第1号』龍谷大学経済学会、二〇〇九年
穂積五一先生追悼記念出版委員会編『アジア文化会館と穂積五一』影書房、二〇〇七年
田中宏著・中村一成編『「共生」を求めて』解放出版社、二〇一九年
永井道雄・原芳男・田中宏『アジア留学生と日本』日本放送出版協会、一九七三年
土本典昭『不敗のドキュメンタリー』岩波書店、二〇一九年
岩佐凱実『回想八十年』日本法制学会、一九九〇年
城山三郎『運を天に任すなんて　人間・中山素平』新潮社、二〇〇三年
朝日新聞社『ニッポン人脈記2』朝日新聞社、二〇〇六年

◉第七章　田中宏と穂積五一（二）

思想の科学研究会編『共同研究　転向1　戦前篇　上』平凡社、二〇一二年
『共同研究　転向5　戦後篇　上』平凡社、二〇一三年
玉城哲「非西欧世界とマルクス経済学」『風土の経済学　増補新版』新評論、一九八四年
穂積五一先生追悼記念出版委員会編『アジア文化会館と穂積五一』影書房、二〇〇七年
山崎雅弘『「天皇機関説」事件』集英社、二〇一七年
鶴見俊輔・上坂冬子『対論　異色昭和史』ＰＨＰ研究所、二〇〇九年
尾崎秀実著・今井清一編『新編　愛情はふる星のごとく』岩波書店、二〇〇三年
穂積五一『内観録　穂積五一遺稿』穂積五一先生追悼記念出版委員会、一九八三年
西光万吉『西光万吉著作集第四巻』濤書房、一九七二年
松本昌次『わたしの戦後出版史』トランスビュー、二〇

〇八年
小田中聰樹「ホルーゲルと穂積文子先生のこと」『アジアの友』アジア学生文化協会、二〇一六年
中村尚司「生きつづける穂積先生」『アジアの友』アジア学生文化協会、一九八二年
田中宏「アジア留日学生年史」『朝日アジアレビュー　第四号』朝日新聞社、一九七〇年
「在日外国人の処遇と留学生問題」『アジアの友』アジア学生文化協会、一九六九年
三木亘「地域研究と歴史学」『岩波講座　世界歴史　第30』岩波書店、一九七一年

◉第八章　鶴見良行　歩くアジア学

鶴見良行「テレビとエビ」『アジアの歩きかた』筑摩書房、一九九八年
『バナナと日本人』岩波書店、一九八二年
『ナマコの眼』筑摩書房、一九九〇年
『アラフラ海航海記』徳間書店、一九九一年
『東南アジアを知る』岩波書店、一九九五年
『鶴見良行著作集4　収奪の構図』みすず書房、一九九九年
『マラッカ物語』時事通信社、一九八一年
『エビと魚と人間と　南スラウェシの海辺風景』みずのわ出版、二〇一〇年
「お稲荷さんで読んだ本」『鶴見良行著作集10　歩く学問』みすず書房、二〇〇一年
「病後の旅」『鶴見良行著作集10　歩く学問』みすず書房、二〇〇一年
「しいたけ城と大恐龍の攻防」『鶴見良行著作集10　歩く学問』みすず書房、二〇〇一年
中村尚司「日本とスリランカの経済関係」アジア経済研究所『アジ研ニュース　第18号』一九八二年
「鶴見良行の仕事とその方法」『龍谷大学経済学論集　第三五巻第四号』龍谷大学経済学会、一九九六年
鶴見俊輔ほか著・埼玉大学共生社会研究センター編『歩く学問　ナマコの思想』コモンズ、二〇〇五年
『ビオストーリー』編集委員会編『ビオストーリー　第6号』生き物文化誌学会、二〇〇六年
鶴見和子・川田侃編『内発的発展論』東京大学出版会、一九八九年
村井吉敬『エビと日本人』岩波書店、一九八八年
鶴見良行・村井吉敬編『エビの向こうにアジアが見える』学陽書房、一九九二年
村井吉敬・内海愛子・飯笹佐代子編著『海境を越える人びと　真珠とナマコとアラフラ海』コモンズ、

二〇一六年
中村尚司『共同体の経済構造　増補版』新評論、一九八四年
奥村宏『法人資本主義』朝日新聞社、一九九一年
村井吉敬・藤林泰編『ヌサンタラ航海記』リブロポート、一九九二年
鶴見俊輔「この道」『鶴見良行著作集1　出発』みすず書房、一九九九年
中村尚司「ナマコの眼で世界を見る」『鶴見良行著作集9　ナマコ』みすず書房、一九九九年

●第九章　在日外国人の苦闘
中村尚司「アジア人花嫁の商品化」坂本慶一編『人間にとって農業とは』学陽書房、一九八九年
『人びとのアジア』岩波書店、一九九四年
「留学生に酷な入試制度」読売新聞夕刊、一九八三年一月三一日
『判例タイムズNo.853』判例タイムズ社、一九九四年

●第一〇章　外国人政策懇話会の創設
志村墨然人『墨描・中国人強制連行の図』中国人強制連行「聯誼会連合を支える会（準）」龍谷大学深草学舎田中宏研究室、二〇〇八年
池田香代子他著『花岡の心を受け継ぐ　大館市が中国人犠牲者を慰霊し続ける理由』かもがわ出版、二〇二一年
内田雅敏『元徴用工和解への道―戦時被害と個人請求権』筑摩書房、二〇二〇年
林真司『「沖縄シマ豆腐」物語』潮出版社、二〇一四年
『私がヤングケアラーだったころ　統合失調症の母とともに』みずのわ出版、二〇二一年

●第一一章　民際学の提唱
中村尚司『人びとのアジア』岩波書店、一九九四年
龍谷大学三五〇周年記念学術企画出版編集委員会編『人間・科学・宗教』龍谷大学、一九九一年
ポール・イーキンズ『生命系の経済学』御茶ノ水書房、一九八七年
中村尚司『地域自立の経済学　第2版』日本評論社、一九九八年
「フィールドの大地へ出よう」中村尚司　広岡博之『フィールドワークの新技法』日本評論社、二〇〇〇年
松島泰勝編『民際学の展開』晃洋書房、二〇一二年
林真司『私がヤングケアラーだったころ　統合失調症の母とともに』みずのわ出版、二〇二一年

山中康裕『臨床ユング心理学入門』ＰＨＰ研究所、一九九六年
『少年期の心』中公新書、一九七八年
統合失調症のひろば編集部編『山中康裕の臨床作法』日本評論社、二〇二〇年
中井久夫『中井久夫集4　統合失調症の陥穽』みすず書房、二〇一七年
『統合失調症の有為転変』みすず書房、二〇一三年
『[新版]精神科治療の覚書』日本評論社、二〇一四年
中井久夫他『中井久夫講演録　統合失調症の過去・現在・未来』ラグーナ出版、二〇二〇年
河合隼雄『心理療法序説』岩波書店、一九九二年
『こころの最終講義』新潮文庫、二〇一三年
木村敏『心の病理を考える』岩波書店、一九九四年
『人と人とのあいだの病理』河合ブックレット、一九八七年

●終章　民際学の未来へ

『龍谷大学経済学論集　民際学特集第46巻第5号』龍谷大学経済学会、二〇〇七年
森住明弘『実学　民際学のすすめ』コモンズ、二〇〇〇年
中村尚司『人びとのアジア』岩波書店、一九九四年
「民際学の課題と方法について」『龍谷大学経済学論集　民際学特集第37巻第2号』龍谷大学経済学会、一九九七年
「循環と多様から関係へ　女と男の火遊び」エントロピー学会編『「循環型社会」を問う　生命・技術・経済』藤原書店、二〇〇一年
林真司『生命の農　梁瀬義亮と複合汚染の時代』みずのわ出版、二〇二〇年

あとがき

中村尚司先生の評伝をようやく書き終え、少しほっとしている。月に一度、毎回四、五時間のインタビューを、約二年間にわたり続けてきた。大学院に在籍していた頃から、いろいろな話を先生から伺っていたが、伝記を書く前提となるとやはり勝手が違った。

既視感のある話であっても、背景についてじっくり聞いていると、かなり印象が変わってくる。豊かな経験に基づく、具体的な話題の数々は、「歩くアジア学」の貴重な証言と言えるものであった。

奥様の禮子さんには、膨大な書籍が並ぶ書庫のなかから、必要な写真や資料類を何度も探していただいた。そのうえ、昼食の弁当をいつも用意してくださるなど、言い表せぬほどのお世話になった。

並行して、中村先生の畏友である田中宏先生にも、若い頃の出来事や在日外国人の処遇問題について、複数回話を聞かせていただいた。その結果、田中先生の足跡を二つの章にまとめることができた。全体からすると、分量に差があるとはいえ、本書は中村尚司、田中宏先生という、尊敬する二人の師の評伝であるという気持ちが、私にはある。

また玉野井冬彦氏（京都大学アイセムス特定教授）には、父である玉野井芳郎先生が書いた朝日新聞「論壇」記事の掲載を許諾していただいた。この場を借りて、お礼を申し上げたい。

本作も再び、みずのわ出版代表の柳原一徳さんに多大なるご尽力をいただいた。いつもながら感嘆したのは、他の追随を許さぬ、編集に対する熱意である。細部にわたるこだわりの数々により、ようやく民際学の本が世に出ることになった。心より感謝の意を表したい。

本書を書いたきっかけについて触れておきたい。二〇二一年末、前作『私がヤングケアラーだったころ　統合失調症の母とともに』（みずのわ出版）を上梓した際、本を母の主治医であった山中康裕先生（京都大学名誉教授）に差し上げたいと考えていた。しかし、連絡先が分からず、どうしたものかと思案していた。

そんな話を、たまたま中村先生と禮子さんにしたところ、偶然にも菩提寺が山中先生と同じだということがわかった。さっそくその寺院である、一行寺（浄土真宗本願寺派、京都市下京区）の那須一真住職から、山中先生に話を伝えていただき、本を送ることができた。さらには、約三〇年ぶりに山中先生との再会も実現したのであった。

そうしたこともあり、二〇二二年春、中村先生ご夫妻とともに、一行寺の那須住職に直接お礼に伺った。謝意を伝えた後、筋向かいにある西本願寺宿坊の聞法会館で、三人で昼食をとった。近況の報告をしながら、私は「これまでの歩みを本に纏めてくださいよ」と、中村先生にお願いした。しかし全くその気は無さそうであった。それならば、長年先生から教えを受けた者の責任として、私が書かなければいけないのではないか、とその時強く思ったのである。

突き詰めていくと、本書の執筆は母の病気が機縁となっている。幼い頃、狂乱する母を抱えて、毎日が苦痛で仕方なかった。母の存在は、私や妹の人生を束縛する、足枷のようなものだと、運命を呪っていた。だがそうではなかったのだ。母の病に向き合ったことで、たくさんの尊敬すべき方々と巡り合い、やがては中村先生の評伝に繋がっていった。結果的に、その過程における思索が、私にとっての民際学に結びついていったのである。

仏縁により導かれたとしか言いようがない。ありがたいご縁に深甚の感謝をしながら、本書の筆を擱くことにする。

二〇二四年初秋　　著者

す。同事務所を拠点に、「外国人政策懇話会」（田中宏・中村尚司代表）を立ち上げる。

2012年　３月　福島県南相馬市における「菜の花プロジェクト」に参加。

2013年　７月　大同生命地域研究特別賞を受賞。

2018年　１月　「外国人政策懇話会」活動終える。

2020年　５月　田中宏の書籍資料を、大阪市浪速区桜川の事務所から大阪市立大学人権問題研究センターに移す。

2021年　12月　集団検診で、肺機能の精密検査が必要だと指摘される。国立病院機構京都医療センターで検査を受けると、右の中肺葉が無気肺状態になっていると指摘され、緊急入院。

2022年　10月　シンガポールに赴任中の徳司から、旅行の誘い。禮子や徳司家族とともに、シンガポール、マレーシア、バリ島を巡る旅（10月14日から３週間）。

2024年　６月16日から10日間、禮子、徳司家族らとともにタイとスリランカを再訪。スリランカの国立大学協会から、長年スリランカと日本の学術交流に多大なる役割を果たしてきた功績をたたえて「学術貢献賞」が授与された。

7月　『豊かなアジア　貧しい日本』（学陽書房）出版。
8月　四国学院大学での集中講義時に、発声に不調を感じる。
10月17日　国立京都病院（現・国立病院機構京都医療センター）で、喉頭癌との診断受ける。
10月27日　龍谷大学350周年記念事業「生命系の経済」シンポジウム（～28日）。
11月2日　国立京都病院に入院、手術。龍谷大学を休職。

1990年　4月16日　プリヤーニに対する人権侵害事件で、N所長とA氏を文書偽造罪で告訴。

1991年　3月　フィリピン人出稼ぎ女性ブレンダ、クモ膜下出血で倒れ、京都市内の病院に運ばれ一命をとりとめるが、医療費を払えず。中村ら「ブレンダさんの闘病を支える会」を立ち上げ、支援活動に奔走。

1992年　コロンボ大学客員教授、大阪外国語大学外国語学部講師、京都大学文学部講師、千葉大学法学部講師。

1993年　2月　『地域自立の経済学』（日本評論社）出版（増補第2版は98年）。
京都大学東南アジア研究センター客員教授（～94年）。

1994年　4月　明治学院大学国際学部講師。
龍谷大学大学院経済学研究科に民際学研究コース設置。
11月　『人びとのアジア』（岩波書店）出版。

1995年　南アフリカ、ステレンボッシュ大学客員教授。

1998年　4月　帝塚山学院大学国際理解研究所客員教授。

1999年　4月　山口大学文学部講師。

2000年　4月　龍谷大学大学院経済学研究科で、中村尚司・田中宏ゼミ始まる。
メキシコ、コレヒオ・デ・メヒコ大学客員教授。

2004年　筑波大学講師。

2005年　北海道大学文学部講師。

2006年　広島大学大学院国際協力研究科講師。

2007年　3月　龍谷大学を定年退職。龍谷大学名誉教授。
4月　龍谷大学人間・科学・宗教総合研究センター研究フェロー就任。
ＮＰＯ法人丹波マンガン記念館理事長（～2017年3月）。
5月　「中国人強制連行と戦時性暴力」（台湾大学）シンポジウムに出席。

2008年　4月　ＮＰＯ法人ＪＩＰＰＯ専務理事就任（～2020年2月10日解散）
5月　「墨描・中国人強制連行の図」展（龍谷大学深草キャンパス）。「日中の真の和解のために―中国人強制連行を考える」シンポジウム開催（ハートピア京都）。

2009年　4月　田中宏の書籍資料を、龍谷大学から大阪市浪速区桜川の事務所に移復路は文献調査のため、欧米を経由。ロンドンの India Office Library で、植民地以前の史料を探すため、２か月間滞在。森嶋通夫ロンドン大学教授に身元保証人になってもらう。米国ニューヨークに移動し、ノーマン・アップホフのいるコーネル大学で「過剰開発論」の講義。この時、ナイヤガラ瀑布を米国、カナダ両側から見物。ハワイに立ち寄ったあと、日本に帰国。

12月　南インド米穀市場調査（～82年３月）。

1982年　１月　「日本とスリランカの経済関係」アジ研ニュースに掲載。

４月　井上普方衆院議員（日本社会党）、衆院外務委員会で「日本とスリランカの経済関係」を問題視。中村、各方面からのバッシングにさらされる。

東京大学文学部講師、立教大学文学部文学研究科講師（～83年度）。早稲田大学社会科学部講師。（３校かけもち）。

1984年　３月　アジア経済研究所を退職。

４月　龍谷大学経済学部教授に就任。

1985年　４月　スリランカ人留学生ラタナーヤカ・ピヤダーサ、東京大学大学院修士課程を修了後、龍谷大学経済学部博士課程に入学。中村尚司の初代ゼミ生となる。

信州大学教養部講師。

1987年　４月　東京大学東洋文化研究所講師、国立民族学博物館民族学共同研究員、東京外国語大学講師、上智大学講師。

９月　スリランカ人プリヤーニ来日するが、Ｔ結婚相談所Ｎ所長にパスポートを取り上げられ、同相談所がある長野県上田市に連れて行かれる。集団見合いを強制され、Ａ氏との結婚に渋々同意。

11月　鶴見良行らと、ヌサンタラ・スタディ・グループを結成し、アラフラ海航海の計画を練り始める。

1988年　３月　『スリランカ水利研究序説』（論創社）出版。

７月27日　村井吉敬隊長のもと、アラフラ海航海に乗り出す（～８月30日）

12月　妊娠の兆候が見られぬことからＡ氏に離婚を要求され拒否したところ、署名を偽造した離婚届をＡ氏とＮ所長に提出されて配偶者ビザを失い、プリヤーニが途方に暮れているとの相談を受ける。

1989年　４月　龍谷大学大学院経済学研究科で、中村尚司・鶴見良行ゼミ始まる。

『内発的発展論』執筆者（鶴見和子、中村尚司他）に、総合研究開発機構（ＮＩＲＡ）東畑精一賞。

四国学院大学文学部講師。

５月　中村、スリランカ大使館が行なった、長野県におけるスリランカ花嫁調査に通訳として協力。

にくれ、中村に「早く家族を作ってほしい」と、懇願する。当時アジ研と同じ庁舎内にあった、海外技術協力事業団で働く小坂禮子と知り合い、付き合い始める。

1973年　1月1日　中村尚司、小坂禮子入籍（1月25日京都御所横の梨木神社で挙式）。

1975年　神奈川大学経済学部非常勤講師（～77年度）。

8月　北部タイ農村調査（第2回アジア人会議に参加）。

11月　スリランカ調査等の論文を纏めた『共同体の経済構造』出版（翌76年には、英語版の『Accumulation and interchange of labor』出版）。同書を読んだ玉野井芳郎（東京大学教授）がアジ研に訪ねてくる。これをきっかけに「天動研究会」を始める（槌田敦、室田武も参加）。

1976年　早稲田大学社会科学部非常勤講師（～79、82～83年度）。

横浜市立大学文理学部非常勤講師。

8月　北部メキシコ農村調査（第30回アジア・北アフリカ人文科学会議参加）。

11月　「地域主義研究集談会」設立（玉野井芳郎は代表世話人、中村は事務局を務める)。「天動研究会」、同集談会に合流。

1977年　3月　長男誕生。恩師の野口徳次郎から一字をとり、徳司と命名。

司法試験に合格した金敬得が、帰化せず在日コリアンのまま弁護士になれるよう、田中宏らと最高裁判所への陳情を繰り返す。そうしたなかで、彼らが何世代日本に住んでも、日本社会の構成員から除外される戸籍制度の役割に気づく。そこで長男徳司を戸籍に入れず、無戸籍状態にする実験にかかる。

7月　スリランカの農業革命に関する調査（～10月)。

1978年　3月　インドネシアとフィリピンの農村開発調査。

12月　スリランカの食糧流通機構調査。

1979年　3月　スリランカ貯水灌漑システムの調査（～8月。スリランカ農業問題研究所研究員の任期は81年5月まで)。同研究所に在籍中、W・D・ラクシュマン（後のコロンボ大学学長）やノーマン・アップホフ（コーネル大学教授）と知り合う。

禮子と徳司、中村が調査するスリランカで暮らすため出国。

9月　任期途中で一旦日本に戻り、京都大学で農学博士の学位を取得。その後、石垣島白保で計画が進む空港建設の反対運動に加わる。

南インド農村調査（～80年3月)。

1980年　4月　スリランカの貯水灌漑システムの調査（～81年5月)。玉野井芳郎、玉城哲、スリランカ訪問。

12月　『地域と共同体』春秋社刊（増補版は87年刊)。

1981年　5月　スリランカ農業問題研究所研究員の任期を終え、スリランカを離れる。

アジ研の労働組合書記長になる。
総評オルグ団に入り、1年間の組合休暇を取って、山形県の木友炭鉱閉山阻止闘争に加わる。

1963年　4月　アジ研に戻り、「南アジアの調査研究を命じる」との辞令を受け取る。
6月　アジアの農村経済との比較調査を試みるために、アジ研内に調査チームを作り、新潟県西蒲原郡月潟村で米作農家の調査を始める。旗手勲の紹介で、農業水利の専門家、玉城哲と出会う。

1965年　8月　スリランカおよびインドの農村調査に出発。香港から、インド北東部カルカッタ（現・コルカタ）の空港に向かうが、第二次印パ戦争勃発のため着陸許可下りず、タイのバンコクで足止めされる。この機会に、カンボジアのシェムリアップにある、アンコール・トム遺跡群を訪ねる。しかし、宿泊先のホテルで同僚に渡すお金を盗まれる。
9月　インドに入国し、マディヤプラデーシュ州カンドゥワ近郊の綿作農家を訪ねたが、警察署に呼び出される。パキスタンを支持する中国政府の工作員と疑われ、カンドワ地区からの退去を求められる。急いでインドを離れ、スリランカに移動する。
10月　セイロン大学大学院に籍を置く（69年1月まで）。
ベトナム戦争に抗議する学生のストライキが激しくなり、寮を一時的に退去。寮の友人とセイロン島を一周するバス旅行に出るが、途中でデング熱になり入院。

1967年　1月　南インドのタミル・ナードゥ州ティルチラパッリ県アビニマンガラム村で、農村の経済調査を行う（～4月）。マドラス州（現タミル・ナードゥ州）政府からの調査許可が下りるまでの間、インド半島を列車で一周する。通訳のバズルーラ（当時マドラス大学法学部大学院生）と3ヵ月間に及ぶ共同生活。

1969年　3月　スリランカ・デーワフワ地区農業開発調査（～4月）。

1970年　2月　ネパール・チトワン地区農業開発調査（～3月）。
5月　入管闘争における象徴的事件である、劉彩品事件に遭遇。田中宏とともに支援活動に注力。
11月　ネパール・ジャナカブル地区農業開発調査（～12月）。
11月25日　作家三島由紀夫、陸上自衛隊市ヶ谷駐屯地で、自衛隊員に決起を呼びかけた末に総監室で自決。市ヶ谷駐屯地に隣接するアジ研でも大騒ぎになる。

1972年　2月　タイ、ビルマ、パキスタン、イラク、エジプト等の水利慣行調査（～4月）。
一歳下の妹佳代、出産時に前置胎盤による出血多量で急逝。母みよは悲嘆

中村尚司略年譜

1938年　８月18日　京都市西陣で生まれる。

1945年　１月16日　京都市に初めての空襲（計５回）。

４月　京都から滋賀県東浅井郡に縁故疎開。滋賀県東浅井郡大郷村立国民学校初等科入学。

1947年　４月　疎開先の滋賀県から京都市に戻り、中京区の京都市立生祥小学校に転校。後に下京区の京都市立豊園小学校に移る。

1949年　ドッジ・ライン（超均衡予算の実施）の影響で、父進三の商売が倒産。

1951年　３月　豊園小学校卒業。

４月　京都市立上京中学校入学。生活困窮の中、アルバイトに明け暮れる。

1954年　進学をあきらめ、島津製作所の入社試験を受け合格する。しかし採用取り消しの通知を受け、途方に暮れる。数学教師の野口徳次郎に高校進学を勧められる。

４月　京都府立山城高等学校入学。生活費を稼ぐために、新聞配達や銀行の掃除、祭で夜店を出すなど、種々雑多なアルバイトを掛け持ちでこなす。野口が主宰する若竹塾で、塾講師のアルバイトもする。

1957年　京都大学文学部史学科（西洋史専攻）に入学。ガンディの著作を読み、西欧社会の繁栄は、インドなどに対する植民地支配がなければありえなかったと知り、ヨーロッパへの憧れが雲散霧消する。

1958年　ガンディの立場から、アジアを検討しなおそうと、尾崎彦朔教授のいる、大阪市立大学の研究室に通い、インド経済史を学びはじめる。日本外政学会と毎日新聞社が募集する懸賞論文に応募。優秀賞になり、賞金の半分でテープレコーダー、残りで四国一周旅行をする。

1960年　11月　卒業が近づき、大阪市立大の大学院に進みたいと尾崎教授に伝えたところ、インドに留学するなら、アジア経済研究所に就職したほうがよいと勧められる。醍醐寺に籠り、アジ研の受験勉強。『岩波経済学小辞典』を通読、丸暗記する。

1961年　４月　アジア経済研究所に好成績で合格し、第三期生として入所。東京に居を移す。

９月　アジ研における女性の結婚退職制度見直しを求めるため、労働組合づくりに取り組む。

1962年　４月　アジア文化会館を訪ね、アジア・フォード両財団から提供されるＡＦ資金導入問題に関して、小倉尚子に助言を求める。

ヨーロッパへの憧れが雲散霧消する　26
ヨーロッパ系渡来人　55
ヨーロッパ人がアジアを研究するような方法　32
横井村（岡山県）106, 108
与謝野町（京都府）176

［ら］
ラクナウ　43
拉致　101
ランシー人（バーガー人）55

［り］
リーフ　91, 182
リオ・ホンド　142
理化学研究所　85, 86
陸上自衛隊市ヶ谷駐屯地　66
離婚届の偽造　167, 168
立教大学共生社会研究センター　13, 142, 148
留学［生］27, 37, 53, 75, 83, 91, 100, 101, 112, 113, 160, 161　→アジア人留学生／外国人留学生／華人系学生／国費留学生
留学生たちが抗日の戦列に加わるという不幸な歴史　121　→反日運動の芽を育てる
留学生［抑圧］事件　101-103, 118-122
龍谷大学　3, 5, 9, 75, 138, 146, 147, 150, 151, 155, 156, 160, 162-163, 173, 175, 177-179, 183, 184, 186, 201, 205
留置場の劣悪な環境　128
劉彩品事件　100-103, 122
理論物理　24
林業／林産　50, 123

［る］
ルーブル美術館　82
ルーラ　77

［れ］
冷戦構造　58　→核武装による東西対立
列島文化の基礎　50
連邦制国家　59

［ろ］
労働組合／運動　31, 86, 103
労働組合づくり　30
労働市場の発展　69
労働者階級という言葉　23
労働体験　23
盧溝橋事件　15
ロサンゼルス　142
炉心溶融　97　→原子力発電所
路線をめぐる対立　103
六本木　111
ロディヤ　42
ロンドン　52, 82, 182
ロンドン大学　82
論文の盗作　50

［わ］
和栄政策　131, 132
若竹塾　21
若者たちを武力闘争に駆り立てる　59
和歌山県牟婁郡　148
和歌山市　68
早稲田大学　68, 185
和平調整事務局（SCOPP）60, 61
和平プロセス　61

南アジア地域（経済）の調査研究　3, 5, 28, 31, 35
南アフリカ共和国　203
南インド　36, 43, 44, 53, 60, 74, 187　→インド
南インドの貯水システム　52
南スラウェシ　150
見習い看護師　165
ミヒンターレ　76
身分関係管理　69
身分登録の単位　69
ミャンマー　36
妙厳寺　124
未來社　124
民間学者の気概と自負　153
民際医学　201
民際学　4, 5, 10, 35, 76, 88, 104, 113, 186, 189, 190, 195, 197-201, 205, 207
民際学研究コース／研究プログラム　5, 9, 186
民際工学　201
民衆の学問を築く可能性　154
民青　→日本民主青年団
民族　55　→分断／分裂
民族学　89
民族社会主義　127
民族主義　59　→ナショナリズム／国家主義
民族対立に端を発する暴動　60
民本主義　126

［む］

ムーア人（マラッカム人）55
無戸籍状態の実験　68
霧社事件　173
無償教育　64
ムスリム　45, 55, 117　→イスラム教徒
ムラティブ　61
村の海　91
村の子どもたちがよく働くこと　80
牟婁郡（和歌山県）148
室戸岬　27
ムンバイ（旧・ボンベイ）43

［め］

明治学院大学　93, 96, 146
明治政府　69
明治大学　87
メキシコ　204
綿作農村　37

［も］

木造船　13, 150　→ピニシ型船
元日本軍在日韓国人傷痍軍人会　137
木綿問屋　20
モルディブ　73, 74
モルディブ・フィッシュ（かつお節）73, 74
モンスーン　77
文部省（現・文部科学省）118-120, 160-162

［や］

八重山でのシマおこし交流会　90
焼畑　50, 78, 80
薬剤師資格　17
野菜バナナ　49
ヤシ　157
薬局　17
柳井市　83, 97
山の民　51
山形県朝日町　163
山口高等商業学校　83
山城高校　21, 23, 24, 26
山人（やもうど、やまんど、他）51
ヤラ期　49
八幡市　170
ヤンゴン　202

［ゆ］

ユーゴスラヴィア　58
有色人種に対する蔑視観　129
豊かさ　21, 104
輸入学問から決別し、民衆の学問を築く　154

［よ］

用具の改良　87
養鶏業　108
幼少期に戦争を体験する　103
ヨーロッパの古代史研究　28

ペラデニヤ大学　74
ペラヘラ巡行祭（エサラ・ペラヘラ）70, 72
ベララパナートゥラ　79, 81
辺境をあるく　141, 153
勉強を教えるのは教師の仕事だ　107
弁護士　44, 57, 68　→法律家
弁護士法　69

［ほ］
貿易港　81
豊園小学校　17, 18
暴虐　95
奉公　17
放射性物質の大量かつ広範囲な放出　97
法人資本主義　147
法政大学　87, 146
宝石　68
放送局からの取材申し込み　45, 46
暴動　60
法の壁、心の溝　136
法務省　69, 101, 103, 120
法律家　55　→弁護士／裁判官
暴力　58, 174
ホーチミン（旧・サイゴン）120, 152
ポートランド　142
ホープ・スポット（希望の海）92
保革の対立　19
北東モンスーン　77
北爆　152　→ベトナム戦争
星製薬　29
干しエビ　74
干しナマコ　148　→ナマコ
舗装道路　41
北海道　150
施し　46
ボランティア　198, 199
ポルトガル　54, 81
ポルトガル来寇　54
ポル・ポト軍　36
ポロンナルワ　78
本郷　110
本国送還を要求する　118
香港　35, 36, 117, 148
本籍地と居住地の完全分離　69
ボンベイ（現・ムンバイ）43
ホンモノの学問　156, 157, 159

［ま］
マーケット　41
マイクロクレジット　203
毎日新聞社　25
マイノリティ　5, 45　→少数者との連帯
マイノリティの排除　24
マスケリヤ　76
貧しくて遠足に行けない生徒　18
貧しさ　21
マダガスカル　76
祭り　70, 72
マディヤ・プラデーシュ州　37
マドラス（現・チェンナイ）43, 45, 47
マドラス州（現・タミル・ナードゥ州）43, 44
マドラス大学　44, 45
マハーヴェリ川　78
マハ期　49
馬屋上国民学校　105, 106
馬屋上村（岡山県）106
マラッカム人（ムーア人）55
マラヤ連邦　118
マルクス経済学　83, 84, 90, 91, 144, 184
マレーシア　153, 157, 197
マレーシア連邦政府　118, 120
マレー人　55
マンゴー　80-81
満州　128
満鉄調査部　29

［み］
御木本真珠店　130
水　91
水循環論　85
ミッション・ブルー　92
ミッドウェー海戦　15
水戸高校　142
南アジア　87, 179, 201　→アジア

ブー・タットタン事件　120-122
フォード財団　114, 132　→AF資金
不可触民　44
フカノヒレ　148
俯瞰する写真　56
福岡アジア文化賞　203
福島第一原発　97　→原子力発電所
富士銀行　112
伏見深草　155
富者から貧者に対する施し　46
武装蜂起／闘争　58, 60　→武力闘争
普通の民衆の生き方が、そのまま研究活動になる学問　195
復帰運動　96
仏教　41, 55, 57, 58, 76
復興　61, 62
仏光寺西町　18
仏歯／仏歯寺／仏舎利　70, 72
物理学　85, 86, 187
物理学者と経済学者の共同作業　87
普天間飛行場　95
プドゥクラマ　76
不妊治療　68
プノンペン　35
部分知（分析的理性）187, 200　→全体知（総合的理性）
部分と部分の連環　188
部落の海　91
ブラック・ジュライ（黒い七月）59
ブラッドフォード大学　182, 185
フランス　82
フランスの家族手帳　69
プランテーション農業　31, 37, 90
プランテーション労働者として来島　55
プランテーション労働者の経済生活　43
プランバナン　36
プリヤーニさんの人権を守る会　168
プリヤーニ事件　165-169
武力闘争　59　→武装蜂起
ブレンダさんの闘病を支える会　170, 172
ブレンダ事件　169-172
ブレンダ事件を端緒に、非定住的な外国人の急迫医療と生活を考える会　172
文化人　133
文化人類学　89
分割統治政策　55
分析的理性（部分知）200　→総合的理性（全体知）
分断　55　→分裂
分断的科学の方法　200
分離独立を主張する運動　59, 60
分裂　57　→分断

［へ］
米軍による占領統治　94
米軍の脱走兵を匿う　144
米軍基地　92-95　→海上基地建設／辺野古／大浦湾
米軍基地の重圧　95
米軍基地の整理縮小・撤去を要求する県民大会　95
米軍基地建設への抗議の声　95
米軍普天間飛行場　95
米国　→アメリカ
米国から超一流の知識人を招く　152
米作農家の調査　33　→稲作
閉鎖病棟　192
閉塞感　57
平和への希求　94
平和をつくる百人委員会　93
平和運動　96
北京　115
北京大学　113
ベジタリアン（菜食主義者）　38, 116
ベトコン公開処刑　152-153
ベトナム　120, 121, 152
ベトナム戦争　41, 53, 129, 144, 152-153
ベトナムに平和を！市民連合（ベ平連）120, 152, 156
ベトナム反戦運動　54, 120
辺野古　92, 95　→大浦湾／海上基地建設／米軍基地
辺野古新基地建設のための埋立て　92
ペラデニヤ　37

ノルウェー　61
ノルウェー農業大学　163, 169

［は］
バーガー人（ランシー人）55
ハーバード大学　112, 152
パーボイルド米　74
排外主義　69, 172
廃棄物問題　83　→原子力発電所
配偶者ビザを失う　167
売血　46
排除　24, 122, 135, 137
ハイデラバード　43
パカン　36
パキスタン　35, 37
博打うち　155
博物館　41
バズルーラの商品化三原則　46
パスポートを取り上げられる　165
畑作　50
働いて作れるものなら、価格をつけて売ってもよい　46
醗酵　50, 81
発足村（北海道）173
発展途上国と日本の間に平和の橋を架ける　71
花岡事件　174, 176, 180
花岡平和記念会　174
花岡蜂起・惨劇曼陀羅の図　174
バナナ　49, 141, 156　→野菜バナナ
パパイヤ　80
バブル崩壊　8, 178
ハマサンゴ　92
浜辺　91, 182
ハラマーニス（田吾作のニュアンス）57, 58
パリ　82
ハリジャン　44
バリ島　197
パルテノン神殿　82
ハルビン　117, 133, 142
反逆行為　101
バングラデシュ　203
反原発運動　86
バンコク　35, 37
阪神教育闘争　133
反政府分子　101
ハンターナ山　37
反体制という思いこみに甘えた体制者　140
バンダラナイケ国際空港　56, 61
反日運動の芽を育てる　162　→留学生たちが抗日の戦列に加わるという不幸な歴史
半農半漁　91, 182

［ひ］
BBC　182
柊屋　17
東浅井郡（滋賀県）16, 17
東インドネシア　150　→インドネシア
東日本大震災　97
非菜食主義者　38
被差別部落／被差別民　18, 129
美談　45, 46
美談めいた話　107
非同盟諸国　58
一橋大学　9, 87, 110, 112, 114, 115, 117
人の世に熱あれ、人間に光あれ　130
人びとの実感に根差した宇宙観　84
ピニシ型船　150　→木造船
非暴力的な抵抗運動　59
平等精神　128
開かれた共同体の経済学　85
平湯温泉　75
ビルマ独立運動　202
ビロード商　16, 18, 20
貧困　129　→生活苦／家庭の経済事情の逼迫
貧困層の自立支援　203
ヒンドゥ教／教徒　41, 44, 55, 59

［ふ］
フィールドワーク［を主体とした地域研究］8, 9, 91, 141, 147, 150, 187, 189
フィリピン　32, 142, 169
フィリピン人花嫁　163　→アジア人花嫁／農村の後継問題
フィリピン大学　169

日本育英会　22, 23　→大日本育英会
日本外政学会　25
日本観光文化研究所　154
日本共産党　22, 34, 108, 126　→高校生共産党員
日本共産党中央委員会の内部分裂　22
日本軍慰安婦　136
日本語の初歩クラス　40
日本語をマスターすること　160
日本興業銀行　112
日本国憲法　96, 172
日本国憲法の排外主義的な側面　172
日本国籍　69, 71, 135, 143
日本史　25
日本社会党　115, 122, 139, 140
日本社会への違和感　133
日本人として恥ずかしくないのか　135, 137
日本人の価値観をひとまず捨てよう　116
日本人の人権感覚の低さ　168
日本人の入植者　148
日本人男性との集団見合いを強制される　165
日本人町　148
日本政府　61
日本中国悠久平和友好之碑　176
日本テレビ　137
日本文化を稲作に還元していく方法論　51
日本貿易振興機構（JETRO）29
日本民主青年団（のちの日本民主青年同盟）22, 23
日本冶金・大江山鉱山　176
日本料理　74
入管闘争　100
ニューデリー　37, 43
ニューヨーク　82
人間と自然の共生　91
人間と人間との直接的で全人格的な交わり　103
人間に対する強い思いやり　128
人間の活動や暮らしは、全体的なものだ　187
妊娠の兆候がないなどの理由で、離婚届に署名することを突然求められる　166

［ぬ］
ヌサンタラ・スタディ・グループ（インドネシア群島研究会）13, 150
ヌワラ・エリア　79-81

［ね］
猫も杓子も英語ばかりという風潮への反発　109
熱学エントロピーの経済学的考察　90
熱帯雨林　199
ネパール　50

［の］
農学原論　146
農家の後継問題／国際化　162-164　→過疎地の国際化／結婚適齢期の女性の人口減少／フィリピン人花嫁
農業　5, 17, 51, 78, 91, 199　→プランテーション／灌漑
農業経済学　160
農業全体を包括的に視野に収める　50
農業問題研究所　→スリランカ農業問題研究所
農水省　→農林水産省
納税義務を滞日外国人にも負わせる　172
農村から都市への移住　57
農村からの進学熱　57
農村経済［調査］41, 43, 44, 47, 50, 53, 74, 76, 87, 187
農村経済の特定部分を切り取って調査する方法　34
農村生活の全体性を捉える　188
農村青年　58
農村調査　34
農民でない海人や山人、芸能民など　51
農民への各種補助金支給　64
農民運動　131
農薬や化学肥料に依存する近代農業　199
農林水産省　51
ノートルダム清心女子大学（旧・岡山清心女子専門学校）108
ノーベル経済学賞　82
ノーベル物理学賞　24
ノーベル平和賞　203
野谷村（岡山県）106
能登瀬村（愛知県八名郡）123

当事者を第一に考えて行動する　103
当事者主義の科学　189, 200
当事者性を深める／の学問　5, 195
同志社女子大学　25
東條英機暗殺未遂事件　120, 128
東南アジア　117, 153, 157　→アジア
東畑精一記念賞　204, 205
党派に所属しない／とは無縁である　103, 104
東北帝国大学　83
とうもろこし　78
東洋文庫　113-115
トーラマル（鰆）のカレー　54　→スリランカカレー
独裁政権　28
特需　129
督促状　68
特務機関　101
独立［運動］55, 57, 59, 128, 202
都市化　69
豊島師範附属小学校　142
土地改良投資の意義　34
特高警察　128
ドッジ・ライン　18
ドボ　148
泊原子力発電所　175
豊川市　124
トヨタ財団　203
豊橋市　124
渡来人　55
ドライ・ゾーン（乾燥地帯）77, 78
ドリアン　81
トロツキスト　53

［な］
ナイアガラ　82
内外人平等主義　171, 172
内戦　58-63
「内発的発展論と新しい国際秩序－東アジアの立場から」共同研究　204
永田町界隈　120
長野県　105, 165, 167
長野県におけるスリランカ花嫁調査　168
長浜市　16
中村尚司・田中宏合同ゼミ　9
長刀鉾町　18
名護市　92, 95
名古屋　133, 134
名古屋大学　86
ナコンパトム　36
梨木神社　67, 68
ナショナリズム　59　→国家主義／民族主義
浪速人権文化センター　178-179
ナマコ　141, 148, 156　→干しナマコ
成田空港　167
南北行（ナンペイハン）148

［に］
新潟県西蒲原郡月潟村　32-35, 51
西萱場（月潟村）51
西陣　15, 18, 23, 30
西本願寺　62
西松・広島訴訟／西松建設　177
20世紀研究委員会　114
日韓請求権協定　136
日産自動車　165
日中関係　115
日中共同声明　101
日中国交正常化　101, 176
日中戦争　15　→アジア・太平洋戦争／第二次世界大戦
「日中の真の和解のために―中国人強制連行を考える―」シンポジウム　177
日中平和友好条約　177
日中友好協会　176, 177
日東紅茶　42
二・二六事件　131
二分法　88
日本との学術交流　75
日本に来て驚いたこと　113
日本の経済進出はわれわれを貧しくする　141
日本への帰化を採用条件として持ち出す　71
日本へ輸入されるエビ　150
日本をアジア研究に含めようとしない／含めようという案　32, 33

176
中国人労働者に対する虐待や虐殺　173-177
中国侵略　175
中国政府の工作員　37
中産階級　59
潮間帯　91, 182
朝鮮［半島］16, 28, 37, 128, 135
朝鮮人　23, 135　→在日コリアン
チョーセン人　127
朝鮮戦争　129
町長選挙に立候補する　108
長男の農業後継者　164
貯水［灌漑］システム　32, 50, 52, 71, 78, 79, 147
貯水池　40, 50, 78　→灌漑用貯水池／溜池
地理学　89
陳情　68, 182

［つ］
通商産業省（通産省）27, 29, 132, 139, 145　→経済産業省
月潟村（新潟県西蒲原郡）32-35, 51
つくばエクスプレス　103
津高村／町（岡山県）108
土　91
津波　61, 97
ツバメノス　148
鶴見良行サークル／ゼミ　145, 150, 156

［て］
低学歴の労働者　164
帝国鉱業開発　175
定時制高校　22
定住者以外の外国人に生活保護を適用しない　170
低所得者向け公営住宅　103
停戦［協定］60, 62, 63
ティルチラパッリ県　43, 44
出稼ぎ労働者　5, 43, 169
哲学　83
丁稚奉公　17
デモ　103
デリー　35
テレビ　138-141
デング熱　43
天津　176
天動研究会　85-87
天動説［の経済学］84　→地動説
電灯料金が払えない　138, 139
天然痘　47
天皇が健在で東京のど真ん中に大きな居を構えていたこと　113
天皇の赤子　135
天皇機関説　125
天皇主権説　125
天皇制史観、畿内中心主義に対する痛切な皮肉　156
天皇陵　25
天文学　100
天理大学　134
電話交換手　30

［と］
ドイツ　83
ドイツの家族簿　69
東亜研究所　29
統一国民戦線（UNF）60
灯火管制　37, 174
とうがらし　78
東京　68, 90, 104, 106, 108, 110, 113, 134, 155
東京音楽学校（現・東京藝術大学）130
東京外国語大学　109, 110, 115, 134, 154-155
東京外大中野寮　109
東京五輪　30
東京大学　27, 34, 67, 83, 84, 87, 90, 96, 100, 101, 110, 112, 113, 120, 122, 125-127, 133, 141-143, 151, 160-162
東京大学出版会　204
東京農業大学　33
東京府立第八中学校　142
統合失調症　190, 194
東西対立　131　→冷戦構造／核の脅威
盗作　50
倒産　4, 18, 20
当事者の参加を認めない方法　187

国／中国
台湾に送還されて死刑宣告を受ける　101
台湾総督府　125
台湾大学　173
タカラブネ労組　168
滝野川第三国民学校　104
脱亜入欧　17
脱走兵を匿う　144
竜飛岬　89
田中宏資料　177, 178, 181
田中宏の活動スタイル　103, 122
タナベル村　150
玉川鉱山　175-176
玉城理論　34, 35, 51
玉野井ガラス商店　83
タミル・イーラム解放の虎（LTTE）59, 60, 62, 63
タミル語　39, 44, 55, 57
タミル人　42, 55, 59, 60, 63
タミル人の権利を脅かす　57
タミル人の茶摘み労働者　42
タミル人の農村青年
タミル人の分離独立運動　59, 60
タミル人虐殺　59, 60
タミル人青年の武装蜂起　58
タミル・ナードゥ州（旧・マドラス州）43, 44, 60
タミル・ナショナリズム闘争　59
多民族社会　55
溜池　77, 90　→灌漑用貯水池／貯水池
多様性［の展開］199, 207
他流試合に、我々は耐えられるだろうか　132
タンザニア　154
タンジャウール　36
男女比率の不均衡　163
担当大臣の首が飛ぶ　169
タンマサート大学　144

［ち］

治安維持の名目で警官隊や、最終的には軍隊が出動する事態　53
治安維持法　125
地域概念　87-89
地域経済論　146
地域研究　9
地域主義　87-91, 93
地域主義研究集談会　87-90, 93, 143, 145-146
地域の経済的自立を目指す知識人の運動　88
チェンナイ（旧・マドラス）43, 45, 47
地価　51
地球環境問題　184
畜産　50
知識人　45, 133, 143, 151, 152
知識人の運動　88
地図　56
知的交流　152
地動説　84, 85　→天動説
地動説の中に天動の世界を整合的に再構成する体系　85
血の水曜日事件　144
千葉大学　118, 119
知米派知識人　143
地方自治　68
地方分権意識が乏しい　68-69
茶園　42, 76, 79, 80　→紅茶
チャガ族　154
茶摘み労働者　42
チャハヤ号　13, 150
チュア・スイリン事件　118-120, 122
中央集権体制　89
中央大学　105
中華人民共和国　100, 101　→中国
中華民国　100-103　→中国／台湾
中華民国を拒否し、中華人民共和国を選ぶ　100, 101
中華料理の高級食材を扱う華人の商人　148
中国　16, 54, 115, 117, 121　→中華人民共和国／中華民国／台湾
中国近現代史　115
中国近現代の定期刊行物　114
中国語学科を開設する大学　134
中国語を専攻する　109
中国社会経済史　112
中国人強制連行　173-177, 180
「中国人強制連行と戦時性暴力」シンポジウム

生命システム　84
生命の維持と再生産　87
生命の維持と再生産に危険でなければ、価格をつけて売ってもよい　46
生命の危険にさらされる　119
生命の多様性　199
生命を大切にする　94
生命系の経済学　3, 83, 85, 88, 93, 97, 99, 183, 184, 198
「生命系の循環」シンポジウム　183, 184
生命系の世界の母体　91
西洋医学を基礎とした薬剤師資格　17
西洋史　25
西洋的な別世界の空間　25
セイロン大学　37-41, 44, 47, 53, 57, 147
セイロン島におけるプランテーション農業　31
セイロン島を一周するバス旅行　41, 54
石造建築　36
絶滅危惧種　92
瀬戸内の海に対する郷愁　97
セナナヤカ貯水池　40
繊維問屋　17
千円札の肖像画　117, 133
選挙の手伝い　108
戦後　23, 94, 96, 104, 129, 135
戦後復興　61
戦後補償［裁判］135, 137, 173, 180
全国水平社　130, 131
戦時下の灯火管制　37
専修大学　34
先住民族　55
染色工場　22, 23
全人格的な交わり／ふれあい　103, 132
戦争　29, 37, 104, 113, 135, 143　→アジア・太平洋戦争／日中戦争／印パ戦争／ベトナム戦争／侵略戦争／米軍基地／沖縄戦
戦争責任　23, 104, 129
戦争体験　104　→空襲／沖縄戦／疎開
喘息発作　17, 65
仙台　142
全体知（総合的理性）200　→部分知（分析的理性）
先天性眼球震盪症　17, 65
占領統治　94

［そ］
象　70, 72
総合研究開発機構（NIRA）204, 205
総合的理性（全体知）200　→分析的理性（部分知）
相互主義　189
曹洞宗　124
総評オルグ団　31
総理府　136
僧侶　57
疎開　16, 105
ソビエト社会主義共和国連邦　22, 125, 126
ゾルゲ事件　125
村落調査　42, 43, 50

［た］
タイ　35, 36, 157, 205
タイ社会党　144
第一高等学校　83, 125, 142
大英博物館　82
対外債務の膨張　63
大学闘争　156　→学生運動
大学の国際化　162
大学の中にホンモノの学問はない　156
大学を出たような上流階級の人たち　56-57
退去強制令書　120
醍醐寺　27
第三世界について洞察が欠けている　140
第七高等学校造士館　125
大正デモクラシー　125
大臣の首が飛ぶ　169
大東亜共栄圏　29
大同生命地域研究特別賞　179, 205
第二高等学校　142
第二次印パ戦争　35
第二次世界大戦　94　→アジア・太平洋戦争／日中戦争／沖縄戦
滞日外国人にも納税義務を負わせる　172
大日本育英会　23　→日本育英会
台湾　100, 101, 117, 125, 128, 135, 176　→中華民

シンハラ語しか話せぬ人たちの閉塞感　57
シンハラ語の公用語化を政府に迫る　57
シンハラ語の新聞　165
シンハラ古代文明　77, 78
シンハラ女性　167
シンハラ人　55, 57, 60, 63
シンハラ人居住地域　41, 58
シンハラ人農村青年の武装蜂起　58
シンハラ農民の移住　78
シンハラ民族主義　59
身辺警護　101
清末の定期刊行物　114
人民解放戦線（JVP）の武装蜂起　58
人民管理制度　69
信頼できる人間の輪を作ること　144
人力車　35
侵略戦争　41, 53, 111, 129, 175
人類の叡智へのたゆまぬ努力　95

［す］
水源　51
水産　50
水素爆発　97　→原子力発電所
水田の面積　49
水稲の多収栽培技術（SRI）76
水平社博物館　130
水利開発によって、農業の営みを灌漑でおおいつくそうという企ては、灌漑農業そのものを解体しかねない　51
水利科学研究所　33
水利研究　51, 52, 91
水路　78
スキャンダル　46
ステレンボッシュ大学　203-204
ストライキ　41, 53, 54
すべての移住労働者およびその家族の権利の保護に関する国際条約　171
ズボンをはいた人（カリサンカーラヤ）57
スマトラ島沖地震　61
「墨描・中国人強制連行の図」展　177
住み込み　20
スリ被害　82
スリジャヤワルダナプラ大学　160
スリランカ　3, 5, 28, 31, 36, 37, 40, 42, 44, 45, 49-51, 53-64, 68, 70-82, 84, 90, 101, 138-141, 145, 147, 165, 166, 197, 205
スリランカ学術会議議長　141
スリランカカレー　39, 49, 54, 72-74　→トーラマル（鰆）のカレー／エビのカレー
スリランカ憲法　58
スリランカ［人］女性に対する人権侵害　165-169
スリランカ人留学生　160
スリランカ水利研究　51, 52
スリランカ政府に対する軍事的な対決　58
スリランカ・タミル人　55
スリランカ中央銀行　75
スリランカ中央山地／中央高地地帯　43, 55
スリランカ内戦　58-63
スリランカ農業問題研究所　32, 50, 71, 74, 76, 82, 90
スリランカ仏教の発祥地　76
スリランカ貿易省　160

［せ］
西欧社会の繁栄は、インドなどに対する植民地支配がなければありえなかった　25-26
生活に困窮する外国人に対する生活保護について（厚生省社会局長通知）171
生活をまるごと捉える宮本常一の仕事　155
生活苦　4, 18, 66　→家庭の経済状況の逼迫／貧困
生活保護／生活保護法　170-172
青函トンネルの工事現場　89, 143
生協活動　110
生産力　83
政治犯　108
生祥小学校　17
精神医学　190
成績優秀者が放課後に勉強を教えるという、学校あげての運動　107
生態系や環境問題を視野に入れた経済学　93
青年海外協力隊　203
政府開発援助（ODA）63, 64, 139, 140

市民運動の几帳面な活動家　145
市民権を拒否される　55
自民党　→自由民主党
社会と自然の二分法　88
社会科学　188
社会科学における当事者性を深める　5
社会的な階層　57
社会的な排除／差別　122, 164
社会的格差　58
社会党　→日本社会党／タイ社会党
弱視　17, 65
弱者と強者の格差　111
弱者の痛みがよくわかる人柄　45
積丹半島　173
ジャフナ半島　55, 58, 62
ジャワ島　36
醜悪な日本人の姿　104
集会　103
衆議院外務委員会　138-140
衆議院議員［選挙に立候補する］108, 123
宗教　55　→分断／分裂
集権的な国家体制に統合する作用　89
就職希望者の成績を実際より悪く記録する　19
重大な政策変更が口頭で行われる　171
集団見合いを企画する　163
集団見合いを強制される　165, 166
自由民主党　120
住民より国家に奉仕するシステム　68
主観　188, 189　→客観
授業料値上げ反対実行委員会　23
塾講師のアルバイトを提供する　21
ジュゴン　92
出生主義　143
循環性の永続　198, 207
奨学金　22, 23, 114, 120
奨学金打ち切り［をめぐる裁判］118, 119
上級学校の教員　57
上座部仏教　55
少数者との連帯　122　→マイノリティ
少数民族　60
使用済み核燃料中間貯蔵施設建設計画　97
→上関原発建設計画／原子力発電所
上智大学　87
上智大学国際関係研究所　204
浄土真宗本願寺派　205
使用人　56
商品経済／交換　85, 87
商品として「アジア人花嫁」を扱う業者
164-169
上流階級　56
所感派　22
職業選択の自由　69
職人　155
植民地［支配］26, 54, 55, 63, 75, 81, 82, 104, 128,
137　→旧植民地出身者
植民地以前の貯水システム　52
植民地の分割統治政策　55
食料の無料配給　64
処女膜無損傷証明書　168
女性の「商品化」　164
除籍処分　118, 119
女中奉公　17
自立　94　→自治
自立した生活空間の単位　87-88
シルクロード　3
代かき　49
白生地問屋　20
白蝶貝　148
進学熱　57
新型コロナウイルス感染症　→コロナ禍
シンガポール［共和国］118, 120, 153, 157, 197
人権侵害／人権感覚の低さ　167, 168
新交響楽団（現・NHK交響楽団）131
真珠貝　148
新種発見の可能性　92
新城市　123
心身に障害をもち社会的な差別を受けている人
164
新人会　126
人身売買　169
新星学寮　110-112, 116, 131　→至軒寮
シンハラ王朝　78
シンハラ化政策　59
シンハラ語　39-42, 44, 55, 56, 72

コロナ禍　196, 199
コロンボ　50, 56, 61, 80, 165, 166
コロンボ大学　74, 184, 185, 203

［さ］
最下層カースト　42
最高裁判所　68, 71, 177
サイゴン（現ホーチミン）120, 152
菜食主義者（ベジタリアン）38
在日のアジア人　129
在日の反政府分子　101
在日外国人　69
在日外国人の医療保護　171
在日外国人の処遇改善　9, 100
在日外国人の処遇をめぐる裁判　113
在日外国人の眼を通して体感する　104
在日コリアン　23, 68, 178　→朝鮮人
在日コリアンの処遇改善　135
在日コリアンの弁護士を生み出す運動　68
在日殉難烈士・老工紀念館　176
在日朝鮮人の法的地位　69
裁判官　47　→法律家
サイパン島守備隊全滅　15
債務不履行　63
在留期間の更新　100
在留資格を勝ち取る運動　103
佐賀大学　162
佐久総合病院　201
サバ州　157
差別　95, 129, 164
ザミンダール（地主）46
サメ漁　148
左翼［諸党派の］活動家　53, 103, 120
左翼的な教師　19, 23
サロン（筒型の腰布）57
鰆のカレー　54　→スリランカカレー
珊瑚礁　73, 91, 157, 182
35歳定年説　132
山東省　174
サンフランシスコ講和条約　135
サンボール　74

［し］
GHQ　108, 111, 143
示威行為　103
シェムリアップ　35
支援運動　101, 120
滋賀県東浅井郡　16, 17
死刑宣告　101
至軒寮　110, 111, 127, 128, 131　→新星学寮
四国一周旅行　26
四国学院大学　183
シコクビエ　78
自己増殖機構　88
自殺　58
時習館高校（旧・愛知県第四中学校）124
市場経済／社会／システム／の商品交換／による資源配分　85, 87-89, 184
市井の生活　155
自然科学　188
自然と社会の二分法　88
自然と人間の共生　91
思想の科学研究会　138, 140, 141, 151, 152
自治、自立を目ざす理想および権利　94
自治州　118
七生社　126
自治体憲法を考える研究会　94
自治体の事務所　41
自治領から共和国へ　58
自治領として独立　55
悉皆屋　17
実感に根ざした宇宙観　84
失業　58
JIPPO（十方）205
指導者層　57
支那人　127
地主　46, 123
自爆テロ　63
司法研修所　69, 71
司法試験　68, 69
司法修習［生］　69, 71
司法修習生採用選考要項　69
シマおこし　90
島津製作所　19, 22

公権力　186
公権力の行使や国家意思の形成に感心を持たない人じゃないと、ホンモノの学問はできない　157
高校生共産党員　22　→日本共産党
高校無償化の朝鮮学校除外をめぐる裁判　180
工作員　37
公職追放　131
厚生省（現・厚生労働省）170, 171
抗生物質　62
紅茶［栽培／生産／輸出／工場］42, 43, 64, 80, 81, 90　→茶園／プランテーション
喉頭癌　183, 185, 203
高等教育を受ける　57
江東区役所　68
高度経済成長［政策］64, 83, 104, 129
公文書を丹念に紐解く緻密な研究姿勢　113
拷問　128, 174
公用語　55-57　→外国語の支配力
香和中学校　106, 107
コーネル大学　76, 82
ゴール［地方］54, 61, 81
語学研修生　38
国外追放　119
國學院大學　85
国際開発論　76
国際協力機構（JICA／旧称・国際協力事業団）67, 71, 203, 205
国際協力功労者表彰　205
国際という文字が持つ強い魔力からの解放　186
国際派　22
国際文化会館　111, 143, 145, 152
国際連合　171　→国連
国籍　69, 71, 143
国籍条項／要件　23, 69, 71, 135, 137
国籍喪失宣告　135, 137
国費留学生［制度］119, 160-162
国民健康保険　171
国民国家の形成　186
国立民族学博物館　89
国連の枠組みの外で、問題を解決するという意志　60
国連大学　185, 204
国連難民高等弁務官　204
ココス島　157, 158
ココナツミルク　74
心に由来する身体的な異変　194
乞食カースト　42
戸籍制度／観念　68, 69
古代建築文化　36
古代シンハラ文明　77, 78
古代ローマ史　25
コタキナバル　157
五反田　29
国家が制度化した大学には国家のための学問しかない　157
国家なくして学問なし、というような奇妙な制度　186
国家に奉仕するシステム　68
国家による差別と暴虐　95
国家の代行機関　69
国家は最高の道徳　127
国家意思の形成や公権力の行使に関心を持たない人じゃないと、ホンモノの学問はできない　157
国家権力からの抑圧　122
国家社会主義　127
国家主義［者］111, 123, 125　ナショナリズム／民族主義
国会図書館　33, 113
古典物理学　187
古典力学　187
言葉の地方差　42
小間使い　20
コミュニティ新聞　108
コミンテルン　126
ゴムプランテーション　37
コモンズ　91, 93, 97
コモンズ（出版社）93
「コモンズとしての海」というテーマ／勉強会　91, 96, 99
孤立感　57
コルカタ（旧・カルカッタ）35, 37, 43
コレヒオ・デ・メヒコ大学　204

近代工業　87
近代国家［の枠組み］88, 186
近代社会　89
近代農業　199
近代批判の思潮　89
金竜国民学校　105

［く］
空襲　15, 29　→戦争体験
クエーカー教会フレンズ・ハウス講堂　182
苦学生　21
宮内庁　25
国立市　112
グラミン銀行　203
クルトゥール（英語を日常語とする学生）58
軍事援助　58
軍事化　69
軍事機密　56
軍事クーデター　144
軍事行動　60
軍事力に対する異議申し立て　94
軍人　55
軍隊が出動する事態　53
軍隊の派遣を要請する　60
軍民混在の国土戦　94

［け］
計画経済システム　89, 184
経済援助以外の分野　64
経済学　22, 27, 28, 46, 83-85, 90, 93, 182, 187　→農村経済／生命系の経済学／広義の経済学／狭義の経済学／開発経済学／マルクス経済学／近代経済学／血液価格の経済学的意味／天動説の経済学／宇野経済学
経済学者として「豊かさ」や「貧しさ」を考える　21
経済学者と物理学者の共同作業　87
経済協力／援助　138, 139
経済産業省　29　→通商産業省
経済進出［という時流／はわれわれを貧しくする］140, 141
警察（警官隊）が出動する事態　53
警察による拷問、暴力　174
警察官　55
芸能民　51
血液価格の経済学的意味　46
欠格事由　69, 71
結婚［願望／式］66-68, 101, 114, 131, 151, 152, 163
結婚相談業　164
結婚適齢期の女性の人口減少　163　→農村の後継問題
結婚を強要する　166
血統主義　143
ケラニヤ大学　160
献血をする奇特な日本人を美談として取り上げたい　45
献血をめぐる所説　47
献血をやめ売血にかえる　46
言語　55　→分断／分裂
懸賞論文　25, 26
原子力発電所の事故による不可逆的な破局　97　→上関原発建設計画／東日本大震災／福島第一原発
原子力発電所建設計画　97, 175
原子力発電の不経済性　86
顕真館　163
現代コリア研究所　33
現地語社会　55
原爆の図　176
原発事故による不可逆的な破局　97　→原子力発電所／上関原発建設計画／使用済み核燃料中間貯蔵施設建設計画
憲兵による拷問、暴力　174
憲法学　123, 125
憲法に反する事柄　30
言論統制　174

［こ］
興亜主義者　137
耕起作業　49
広義の経済学　83, 85, 87, 90, 91, 93-94, 198　→狭義の経済学／生命系の経済学
公教育の普及　64
工業化　69

関西日仏会館　25
関西中学校／高等学校　106, 107
関東大震災　109
カンドワ　37
観念的な路線をめぐる対立　103
漢方薬を扱う薬局　17
カンボジア　35, 36
官吏　57

［き］
飢餓　6
帰化を採用条件として持ち出す　71
喜界島　92
気管支喘息　17, 65, 185
気候変動　73, 99
技師　55
技術研修生　112
稀少性の根拠を問う社会史の経済学的考察　90
気象台　27
季節風　77
貴族　72
北インド　77-78　→インド
基地　→米軍基地
鬼畜米英　137
木友炭鉱閉山阻止闘争　31
畿内中心主義、天皇制史観に対する痛切な皮肉　156
宜野湾市　90, 95
機帆船　13, 150
希望の海（ホープ・スポット）92
虐殺／虐待　59, 166, 173, 174
客観　188, 189　→主観
キャンディ［地方／王国］42, 49, 70, 72
キュー・ガーデン　52
九州帝国大学　83
旧植民地出身者　23, 137　→植民地
旧制中学　107
急迫（緊急）医療　169-172
教育の機会に大きな差がつく　21
教員／教師　57, 105
境界［領域］187, 188
教科書問題　161
狭義の経済学　83, 85, 91　→広義の経済学／生命系の経済学
狭義のマルクス経済学　90
共産党　→日本共産党
教師の手抜き　107
強者と弱者の格差　111
行政指導　170, 171
行政職　55
強制送還　121, 122
強制連行　136, 173-177, 180
共存関係　85
京都［市］15-18, 30, 62, 68, 146, 150, 155, 176, 206
京都工芸繊維大学　24
京都御所　18, 68
京都市は戦災がなかったという俗説／京都空襲　15　→空襲
京都大学　21, 24, 25-27, 61, 87, 115, 146, 147, 192, 202
京都第二赤十字病院　22, 66
京都大丸　17
京都薬学専門学校（現・京都薬科大学）17
京都・アジア文化交流センター　168
共同議長国　61
共同漁業権の重要性　96
協同組合　41, 110
共同生活　45
共同労働　78
共同体における人間同士の関係性　87
共和国　58
共和町（北海道岩内郡）173
漁業　73
漁業権　96
居住地と本籍地の完全分離　69
漁村［風景］54, 96
巨大地震　61
ギリシャ　82
キリスト教徒（カトリック）55
キリマンジャロ　154
木をみて森をみない部分知　187
緊急（急迫）医療　169-172
近代の学問体系の対象外　89
近代経済学　83, 91, 184

海外技術者研修協会　132, 203
海外旅行　26
回教寺院　116, 117
外国語の支配力　57　→公用語
外国思想の単なる翻訳を吹聴しているに過ぎなかったこと　126
外国人　69, 135
外国人が直面する事件　122
外国人と内国人の差別　169
外国人政策懇話会　178-181
外国人登録　171
外国人留学生　116　→留学［生］
外国人労働者　5, 172
解雇阻止闘争　30
海産物問屋街　148
海上基地建設　92, 95　→辺野古／大浦湾／米軍基地
海上保安庁　95
海水面の上昇　73
海草藻場　92
外的性質　85
開発経済学　75
外務省の嫌がらせ　140
海洋保護区　92
化学肥料や農薬に依存する近代農業　199
核の脅威　94
核武装による東西対立　131　→冷戦構造
核兵器　93, 94
格差　58, 111
学習塾　21
学術貢献賞（スリランカ国立大学協会）205
学術交流　75
学生運動　53, 103　→大学闘争
学生結婚　101
学童疎開　105
学問の専門分化　187
学陽書房　87, 93, 96
学歴　19
影書房　124
鹿児島　125
過去の労働の蓄積形態や交換様式　87
鹿島組　173-175
鹿島組発足玉川事業所　173, 174, 176
過剰開発［論］52, 82
華人　148, 157
華人系学生　116, 117　→留学［生］
下層カースト　44
過疎地の国際化　163　→農村の後継問題
カタラガマ　43
かつお節（モルディブ・フィッシュ）73, 74
家庭環境により、教育の機会に大きな差がつく　21
家庭教師　114
家庭の経済状況の逼迫　107　→生活苦／貧困
カトリック　55
河南省　176
上京区長から督促状が送られてくる　68
上京中学校　18-21, 27
上関原発建設計画／使用済み核燃料中間貯蔵施設建設計画　97
加悦町（現・京都府与謝野町）176
カラー川　78
カラーテレビ放送　138
からしな　78
カリサンカーラヤ（ズボンをはいた人）57
ガルオヤ国立公園　40
カルカッタ（現・コルカタ）35, 37, 43
カレー　→スリランカカレー
灌漑［農業］34, 50-52, 71, 78, 90
灌漑の水源は無限じゃない　51
灌漑農業一元論　50
灌漑農業では、なぜ過剰開発に陥ってしまう傾向が強いのか　52
灌漑用貯水池　40　→貯水池／溜池
環境NGO　92
環境にやさしい水稲の多収栽培技術（SRI）76
環境庁（現・環境省）182
環境問題　83, 99, 184
環境問題や生態系を視野に入れた経済学　93
関係主義　189
関係性の学問／の創出　88, 195, 199, 200, 207
観光業　73
韓国　28, 117
韓国人元日本軍慰安婦　136

ウミンチュ　91, 182
右翼［の系譜］127, 135　→右派の流れ
売るために作ったものなら、価格をつけて市場に出してもよい　46
ウルドゥ語　44

［え］
英語　39, 41, 55-57, 109, 143, 160
英語を習得したタシル人　55
英語を日常語とする学生（クルトゥール）58
英語を話す少数のシンハラ人　57
英語を話せぬハラマーニス　58
英語を話せる人　57
英語教育を受けないタミル人の農村青年　58
英語社会　55
AF資金／プログラム　114, 115, 117, 132　→アジア財団／フォード財団
エサラ・ペラヘラ（ペラヘラ巡行祭）70, 72
SRI（環境にやさしい水稲の多収栽培技術）76
NHK交響楽団（旧・新交響楽団）131
エネルギーコスト／問題　83, 86
エビ　74, 141, 145, 150, 156
エビ研究会　145, 150
エビのカレー　141　→スリランカカレー
エリート意識／主義　127, 153
エリート支配に暴力で対抗する時代の出発点　58
エリート政治家に対する反感　58
縁故疎開　16, 105
遠足に行けない生徒　18
円高不況　177
エントロピー［概念／論］83, 85-87, 90, 94
エントロピー学会　87

［お］
お稲荷さん　155
王権の象徴　70
欧米諸国　69
欧米中心［主義］111, 153
欧米に並ぶ世界の一等国になった気分　129
欧米列強による植民地支配　54
大浦湾　92, 95　→辺野古／米軍基地／海上基地建設
大江山鉱山　176
大阪外国語大学（現・大阪大学）134, 160
大阪コリアン研究プラットフォーム　181
大阪市立大学（現・大阪公立大学）27, 146, 181
大阪市立大学人権問題研究センター　181
大阪大学　201
大郷村立国民学校　16
大地主　123
大竹財団　86
大館市　174, 176
大津波　61, 97
オーバーステイの外国人　170
陸稲　78
岡山県御津郡　105, 108, 113
岡山清心女子専門学校（現・ノートルダム清心女子大学）108
岡山操山高校（旧制岡山二中）107
沖縄　89-96
沖縄の海　91, 97, 182
沖縄の戦後の歴史　96
沖縄の抵抗　95
沖縄国際大学　90, 93, 146
沖縄自治憲章　94, 96
沖縄人の声　95
沖縄人の平和に暮らす権利を脅かす　92
沖縄戦　94, 95
沖縄米兵少女暴行事件　95
奥飛騨温泉郷　75
教えることは学ぶこと　40-41
小樽　150
御茶の水書房　185
オックスフォード大学のセイロン支部を作りたいという願望　57-58
オランダ　54

［か］
カーヴェーリ川　43
カースト　42, 44
カースト間の微妙な対抗関係　44
海外技術協力事業団（OTCA）67　→国際協力機構（JICA）

歩くアジア学　9
歩く学問　154, 156
あるく・みる・きく　4, 8, 150, 197
アル諸島　148
アンコール・トム遺跡群　35, 36
アンコール・ワット　36
アンバーラ中央病院　43
安保闘争　113, 114

［い］
EU　61
イーラム共和国　59
「イエ」単位の身分関係管理　69
イエローヤンキー　130
医家／医業　123
イギリス　54, 55, 63, 118, 182
イギリス植民地時代の伝統が固定化する　75
イギリス領サバ・サラワク　118
イギリス連邦内の自治領として独立　55
医師　55, 57
石垣島白保地区での空港建設反対運動　96, 146-147, 182
移住　57, 78, 171
移住労働者問題　31
イスラム教徒　41, 116　→ムスリム
市ヶ谷　66
一人称や二人称で語る学問　189
イデオロギー論争　103
移動の自由　69
稲作　50, 51　→米作
稲作以外の農業　51
稲作が列島文化の基礎にあるという思い込み　50
イノー　91, 92
生命（いのち）→生命（せいめい）
生命の危険にさらされる　119
生命を大切にする　94
医療過誤　66
医療の無償化　64
医療扶助　5, 172
岩倉　155
岩波書店　22, 27
隠居　155
インディアナ大学　90-91
インディカ米　74
インド　3, 25, 27. 28, 31, 35, 37, 38, 45, 46, 58, 60, 70, 77-78, 84, 116, 145, 197　→南インド／北インド
インド亜大陸　16
インド経済史　27
インド省文書館　52
インド人青年　113
インド村落調査　50
インド・タミル人　55
インド平和維持軍　60
インド・ムスリムの知識人　45
インド旅行　43
インドネシア　13, 61, 71, 145, 148, 150　→東インドネシア
インドネシア群島研究会（ヌサンタラ・スタディ・グループ）　13, 150
インド洋　61, 73, 157
印パ戦争　35

［う］
ヴィジャワルダナ寮　53
ウイルス　199
ウェーバーのアジア社会論　33
上田市　165
ヴェッダ［人／語］42, 55
ウエット・ゾーン　78
潮アジア・太平洋ノンフィクション賞　179
ウジュンパンダン　13, 71, 148, 150
牛を使った田んぼの耕起作業　49
宇宙観　84
宇野経済学　84, 90
右派の流れ　123　→右翼
右派政治家　120
ウバ地方　42
海　91, 92, 97, 182
海のコモンズ　93, 97
海の民　51
ウミガメ　92
海方切　91

Newtonian Social Science (Norman Uphoff) 40

［り］
留学生チュアスイリン（土本典昭監督）120
留学生に酷な入試制度（中村尚司）161
龍谷大学経済学論集 中村尚司教授退職記念号 197

［わ］
若き戦士　22
若竹とともに（野口徳次郎先生追悼文集）20
忘れられた皇軍（大島渚監督）137
私がヤングケアラーだったころ（林真司）192
わたしのスリランカ（中村禮子）74, 77, 82

事項、地名、など

［あ］
愛知県第四中学校（現・時習館高校）124
愛知県八名郡能登瀬村　123
愛知県立大学　133, 134
愛知大学　33
アオサンゴ　92, 182
青森　89
アカ呼ばわり　97, 120, 121
浅草　105
朝日町（山形県）163
アジア　→南アジア／東南アジア
アジアの側に圧倒的に加担するという立場　111
アジアの漁村　96
アジアの諸民族と平等な協力関係をつくる　111
アジアの知識人との知的交流事業　152
アジアの独立運動　128
アジアの辺境をあるく　141, 153
アジアを侵略した歴史　111, 129, 175
アジア・アフリカのイスラム化と近代化に関する調査研究　155
アジア学生文化協会　111, 112
アジア経済研究所　5, 27-31, 34, 35, 37, 39, 42, 44, 47, 50, 66, 67, 71, 72, 84, 85, 101, 132, 139-140, 145, 147, 153, 162, 197
アジア研究に日本を含めようとしない／含めようという案　32, 33
アジア現代史　28
アジア財団　114, 132　→AF資金
アジア主義［者］111, 137
アジア人花嫁　163, 164　→フィリピン人花嫁／農村の後継問題
アジア人花嫁を商品として扱う業者　164-169
アジア人留学生　104, 110, 121, 122, 131, 132, 134　→留学［生］
アジア人留学生が抱く日本社会への違和感　133
アジア人留学生を受け入れる会館　111, 112, 131
アジア太平洋資料センター（PARK）145, 203
アジア・太平洋戦争　15　→日中戦争／第二次世界大戦／沖縄戦
アジア農村社会を調査する方法　35
アジア文化会館（ABK）101, 111-113, 115-118, 132-134
アジ研　→アジア経済研究所
足立区　103
新しい学問運動　3
新しい経済学のための国際集会　182
アチャール　74
アトピー性皮膚炎　17, 65
アヌダーラプラ［県／市］36, 76-78
アビニマンガラム村　43, 44, 50
アフリカの飢餓　6
アフリカの留学生　132
海人（あま）51
奄美群島　92
アメリカ（米国）38, 41, 53, 61, 87, 92, 114, 115, 129, 142, 143, 152　→米国／米軍
アメリカ一辺倒の活動　152
アメリカ国籍　143
アメリカ人　144
アメリカ帝国主義打倒　153
アメリカ帝国主義は日中共通の敵　115
アラブ社会主義　33
アラフラ海　13, 148, 150
アルヴィ川　78
歩きながら書く　154

玉城理論に学ぶ（中村尚司）34, 51
玉野井先生がめざした地域主義（中村尚司）89
玉野井先生とエントロピー（槌田敦）87

［ち］
地域主義（玉野井芳郎・清成忠男・中村尚司編）87, 89, 93
地域自立の経済学 第2版（中村尚司）198
地域と共同体（中村尚司）37, 41, 43, 47, 54, 57, 58
中央公論　22

［つ］
鶴見良行著作集1 出発　152
鶴見良行著作集4 収奪の構図　153
鶴見良行著作集9 ナマコ　155
鶴見良行著作集10 歩く学問　156-158
鶴見良行の仕事とその方法（中村尚司）145, 150, 151, 153, 157

［て］
テレビとエビ（鶴見良行）138, 140-141, 145

［と］
等身大の学問への歩み（中村尚司）84
東南アジアを知る（鶴見良行）153

［な］
内観録（穂積五一）129
内発的発展論（鶴見和子・川田侃編）204
ナマコの眼（鶴見良行）141
ナマコの眼で世界を見る（中村尚司）155

［に］
新潟県西蒲原郡月潟村実態調査報告　35
日本における生命系の経済学（中村尚司）88
日本の進歩とスリランカの心配（アントニー・フェルナンド）57
日本とスリランカの経済関係（中村尚司）138

［の］
ノンフィクション劇場　137

［は］
バナナと日本人（鶴見良行）141
母（鶴見祐輔）141
母のおしへ（穂積五一）128
判例時報　119

［ひ］
非西欧圏の経済思想（中村尚司、龍谷大学最終講義）3
人びとのアジア（中村尚司）36, 46, 68, 69, 161, 165, 168, 169, 171, 172, 183, 187, 198, 207
HUMAN　86
病後の旅（鶴見良行）157

［ふ］
フィールドの大地に出よう（中村尚司）38, 188, 189
紛争地ジャフナからの報告（小野山亮）62

［ほ］
穂積先生とのあの時、その時（田中宏）118, 121, 122

［ま］
マラッカ物語（鶴見良行）153

［み］
民際学の課題と方法—全体と部分の架橋（中村尚司）200
南アジアを知る事典　55, 59, 60, 64
南インド農村における農村経済調査を振り返って（中村尚司）31, 37, 43, 45

［ゆ］
豊かなアジア、貧しい日本（中村尚司）19, 23, 32

［よ］
読売新聞　161, 162

［ら］
Learning from Gal-Oya: Possibilities for Participatory Development and Post-

書籍、雑誌、論考、文学作品、映画、など

［あ］
愛情はふる星のごとく（尾崎秀実）126
赤旗　22, 108
朝日アジアレビュー　134
朝日新聞　98, 102, 134
アジアの歩きかた（鶴見良行）141
アジアの友　134
アジアの民主政治とマハトマ・ガンディ（中村尚司）26
アジア経済　31, 50
アジア人花嫁の商品化（中村尚司）164
アジア人留学生と暮らして（田中宏）134
アジア動向年報1988　39
アジア文化会館と穂積五一　112, 118, 121, 122, 124, 125, 127, 131, 132
アジア留日学生年史（田中宏）134
アジ研ニュース　138, 139
アラフラ海航海記（鶴見良行）150
あるくみるきく　154

［い］
いのちと農の論理（玉野井芳郎・坂本慶一・中村尚司編）93
岩波講座 世界歴史 第30　134

［え］
エコノミーとエコロジー（玉野井芳郎）84-85
エビと日本人（村井吉敬）145

［お］
お稲荷さんで読んだ本（鶴見良行）156
「沖縄シマ豆腐」物語（林真司）179

［き］
共産党宣言（カール・マルクス、フリードリヒ・エンゲルス）22
「共生」を求めて（田中宏）116, 121
共同体の経済構造（中村尚司）50, 84, 147
京都新聞　4, 169

［け］
経済学教科書（ソ連邦）22, 23
経済学小辞典　27, 28

［こ］
古都（坂口安吾）155, 156
この道（鶴見俊輔）152
コモンズとしての海（玉野井芳郎）91
コモンズの海（中村尚司・鶴見良行編）91, 96

［さ］
在日外国人 第三版（田中宏）71, 101, 103, 113, 117, 120, 136
在日外国人の処遇と留学生問題（田中宏）134

［し］
しいたけ城と大恐龍の攻防（鶴見良行）158
思想の科学　138, 140, 141
資本論（カール・マルクス）127
小公子（フランシス・ホジソン・バーネット）143

［す］
スリランカの内戦激化と日本の役割（中村尚司）61, 63
スリランカの紛争と民主主義を理解する（クマール・デイビッド）59
スリランカ水利研究序説（中村尚司）51-52, 78, 80
スリランカ和平と復興支援の課題（中村尚司）58, 61

［せ］
生命系の経済学（ポール・イーキンズ）185
セイロン島におけるプランテーション農業の成立（中村尚司）31
1987年のスリランカ－内乱の深まりとインド平和維持軍（中村尚司）39

［た］
大転換（カール・ポランニー）90
対論 異色昭和史（鶴見俊輔・上坂冬子）126
田中宏による民際学研究をめぐって（中村尚司）104, 113

プリヤーニ　165-168
古島敏雄　87
ブレンダ　169-172

［へ］
ヘーゲル，ゲオルク，ヴィルヘルム，フリードリヒ　127

［ほ］
ホー・チ・ミン　152, 153
星新一　29
星一　29
穂積五一　110-112, 115, 116, 120-132
穂積（旧姓・池田）文子　130, 131
ポランニー，カール　90, 91
ポル，ポト　36
本間国之輔　34

［ま］
増田四郎　87
増淵龍夫　117, 118
松本重治　111, 143
松本輝夫　169
丸木位里　176
丸木俊　176
マルクス，カール　83, 84, 90, 91, 127, 144, 184
丸山眞男　151, 154

［み］
三木亘　134, 155
御木本幸吉　130
三島由紀夫　66
南方熊楠　144
南梅吉　130
美濃部達吉　125, 126
宮本常一　154, 155

［む］
武者小路公秀　185, 204
武藤一羊　203
村井吉敬　145, 150, 179
村松祐次　112-114, 116, 117
室田武　85, 86

［も］
森嶋通夫　82
森住明弘　201

［や］
矢田金一郎　124
柳田國男　144, 154
柳原一德　38, 45, 136, 206
山下尚子　66
山中康裕　192

［ゆ］
湯川秀樹　24
ユヌス，ムハマド　203

［よ］
吉野作造　126
米田富　130

［ら］
ラクシュマン，W，D　74, 75, 184, 185
ラジャパクサ，ゴータバヤ　63
ラジャパクサ，マヒンダ　63
ラタナーヤカ，パドゥマ　163
ラタナーヤカ，ピヤダーサ　160, 162, 163, 165

［り］
李（リ／イ）君　23
李洙任　179
劉彩品　100-103
劉文卿　101
林伯耀　173

［ろ］
ローゼンシュトック，ヨーゼフ　130
ロバートソン，ジェームス　182

［わ］
渡辺慧　151

千代田博明　132
陳玉璽　101
陳石一　137

［つ］
槌田敦　85-87
土本典昭　120
坪井洋文　50
都留重人　151
鶴見（旧姓・後藤）愛子　141
鶴見和子　87, 141, 143, 144, 150, 204
鶴見憲　142, 152
鶴見俊輔　125, 126, 141, 143, 144, 150-152, 155, 158
鶴見（旧姓・安武）千代子　151, 157-159
鶴見英　143
鶴見祐輔　125, 126, 141, 142
鶴見良行　9, 13, 96, 138-159, 179, 203

［て］
デイビッド，クマール　59
デイリー，ハーマン　87
デカルト　88

［と］
東條英機　120, 128
東畑精一　30, 34, 204, 205
外村大　181
友杉孝　51
豊里友行　92, 95
豊田利幸　86

［な］
中兼和津次　87
中島大　13
中村悦子　16
中村勝彦　16, 20
中村佳代　16, 22, 65, 66
中村邦江　16
中村進三　16-18, 146
中村孝江　16
中村徳司　32, 68, 71, 72, 76, 77, 79-81, 196, 197, 202, 205
中村元　151
中村尚司（全編にわたって記載）
中村（旧姓・前田）みよ　16, 17, 65, 66
中村泰子　16, 20, 65, 67
中村百合子　196, 197
中村（旧姓・小坂）禮子　32, 62, 67, 68, 71, 72, 74, 75, 77, 78, 80, 82, 163, 196, 197, 202, 206
中山素平　112
名和長年　17

［に］
西川潤　185
ニュートン　187
丹羽雅雄　180

［の］
野口徳次郎　4, 19-21, 24, 68, 201
野中広務　177

［は］
朴正熙　28
狭間直樹　115
バズルーラ　44-47
羽田孜　136
旗手勲　33
花崎皋平　150
林真司　5-9, 133, 138, 173, 179, 190-194

［ひ］
ピーリス　76, 77, 79-81
平野小剣　130
裕仁（昭和天皇）113

［ふ］
ブー，タットタン　120-122
フェルナンド，アントニー　57
フォントルロイ卿　143
福井正雄　87
福田仁志　67
福山白麟　124
福家洋介　145

鯨岡兵輔　182
グナワルダナ，T，P　79-81
グナワルダナ，アソーカー　81
グナワルダナ，チャンディマ　79, 81
熊本一規　96
公文俊平　90, 91

［け］
ケプラー　84

［こ］
後藤新平　125, 126, 141, 151
コペルニクス　84
駒井喜作　130
小山千蔭　169, 170

［さ］
西光万吉　130-132
坂口安吾　155, 156
坂本慶一　146, 147
阪本清一郎　130
桜田規矩三　130
佐藤孝夫　32

［し］
ジェームス，ロイ　117
志村墨然人　173-177
下村家　17
釈迦　70
ジャヤワルダナ，ジュニウス，リチャード　60
シャンムガラトナム　51, 163, 169
周恩来　176
聖徳太子　117, 133
昭和天皇　113
ジョージェスク＝レーゲン，ニコラス　90
代田文誌　131
親鸞　62

［す］
鈴木唯千代　123, 128, 129
鈴木麟三　123, 124
スニル　76

［せ］
盛宣懐　112, 114, 115
セルデン，マーク　144

［そ］
宋斗会　137
石成基　137
祖田修　146
ゾルゲ，リヒャルト　125

［た］
戴国煇　101
タウィー　144, 145
ダヴィッド，ランディ　169
高木八尺　143
高橋彰　32
高畠素之　127
滝沢克己　83, 84
田口英治　110
竹内好　151
武谷三男　151
多田博一　32
多田道太郎　146, 156
橘正信　62
田中伊三次　121, 122
田中角栄　176
田中（旧姓・木村）久美　114
田中源三　104-108
田中英子　104, 108, 109
田中宏　9, 68, 71, 100-137, 144, 145, 173, 175, 177-181
玉城哲　32-34, 50-52
玉城徹　33
玉城肇　33
玉城素　33
玉野井芳郎　82-99, 143, 146, 147, 184, 198

［ち］
千葉三郎　120
千葉乗隆　163
チュア，スイリン　118-120, 122
猪八戒　173, 175

索引

人名

［あ］
アウンサン　202
アウンサンスーチー　202
青山氏　38
明石康　61, 62
浅沼稲次郎　115
アップホフ，ノーマン　40, 75, 76, 82
網野善彦　50, 156
荒井聡　32
荒木徹　26
アルヴィス　168

［い］
李（イ／リ）君　23
イーキンズ，ポール　182, 184-185
池田（旧姓・御木本）よう　130
池田嘉吉　130
石井洋一　110
石山陽　121
伊地知紀子　181
伊藤幸司　154
伊藤正二　44
伊藤博文　117, 133
稲葉誠一　122
井上普方　139-141
イリイチ，イヴァン　90
色平哲郎　201
岩佐凱實　112
岩田慶治　89

［う］
ヴィーララトナ　40, 41, 54
ウィクラマシンハ，ラニル　60
ヴィジャヤ　78
ヴィジャラトナ　72
ウェーバー，マックス　33
上杉慎吉　110, 111, 121, 123, 125-127, 135
内海愛子　145
宇野弘蔵　84, 90

［え］
江崎さん　30

［お］
大江正章　93
大河内一男　122
大島渚　137
大津定美　147
大塚圭介　147
緒方貞子　204
奥村宏　147
小倉武一　140
小倉尚子　132
尾崎彦朔　26, 27, 146
尾崎秀真　125
尾崎秀実　125, 126
小野山亮　62

［か］
樺山紘一　87
上坂冬子　126
ガリレイ，ガリレオ　84
川瀬孝也　27
川田侃　204
河野健二　87
ガンディ，マハトマ　25, 26
ガンディ，ラジブ　60
樺美智子　113

［き］
北沢洋子　203
北原白秋　33
金敬得　68, 69, 71
金東勲　178, 179
清成忠男　87, 146

［く］
グエン・カオ・キ　152
グエン・バン・チュー　152

【著者】
林真司（はやし・しんじ）
ノンフィクション作家 。1962年大阪生まれ。龍谷大学大学院経済学研究科修士課程修了（民際学研究コース）。有機野菜などを扱う食料品店を経営後、1999年に同大学院に入り、「民際学」の提唱者中村尚司氏や田中宏氏に師事する。同時にシマ豆腐の調査を開始。その成果をまとめた『「沖縄シマ豆腐」物語』（潮出版社）で、2013年第１回「潮アジア・太平洋ノンフィクション賞」を受賞。食べ物を通して、人間の移動や交流について考察を続けている。著書『生命の農―梁瀬義亮と複合汚染の時代』『私がヤングケアラーだったころ―統合失調症の母とともに』（みずのわ出版）。

民際学者、アジアをあるく
中村尚司と仲間たちの時代
Researchers of Cross-Civic Relations Journey through ASIA
The Epoch of Nakamura Hisashi and his Companions

2024年12月15日　初版第一刷発行

著者　林 真司
表題英訳　菊地利奈
索引編集　柳原一德
書容設計　扉野良人
発行者　柳原一德
発行所　みずのわ出版
山口県大島郡周防大島町西安下庄 庄北2845
Tel/Fax 0820-77-1739　〒742-2806
E-mail mizunowa@osk2.3web.ne.jp
URL http://mizunowa.com/
印刷　株式会社山田写真製版所
組版・DTP　薮中美智代
制作管理　石坂隆行
プリンティングディレクション　黒田典孝
製本　株式会社渋谷文泉閣

ISBN978-4-86426-055-8 C0036